ぼくは「奴隷」じゃない

中学生「5000万円恐喝事件」の闇

中日新聞社会部【編】

風媒社

はじめに

「五千円の間違いじゃないか！」。一報を聞いて私は思わず口走っていた。「五千万円」もの巨額の金と「中学生」の幼い顔とが、どうにも結びつかない。疑問ばかりが渦巻く。名古屋でも桜がほころびかけた、花冷えの夕。社会部の総力を挙げた取材の始まりだった。

一体、何が起きていたのか。相次ぐスクープでえぐり出されていった。死の恐怖を植えつける徹底した暴力によるいじめ。思うがままにむしり取っては豪遊を繰り返した金銭感覚のマヒ。主犯格の少年は「あいつは奴隷だった」とまで言った。彼らの上前をはねる先輩たちの二重恐喝と暴力連鎖の構造。何度も事件を食い止めるチャンスがありながら、手をこまねいた学校と警察。そんな中で、救いをあきらめた被害少年の心を開かせたのは病室仲間のワルたちだった……。

サツ回りを中心とした若手の記者たちが、怒りに震えながら取材を積み重ねた結果だった。なぜ、こんなことが。真相に迫るには事実を一つひとつ積み上げるしかない。その思いだけに支えられて、相手から怒鳴られようと、茶髪グループに脅されようと、ひるまず、あきらめず、関係者をひたすら訪ね歩いた。固く口を閉ざしていた加害少年の親たちが三カ月後に悔悟と苦悩に満ちた胸の内を明かしてくれたのも、記者たちの姿勢が通じたからだろう。本書は、全国に衝撃を与えたこの事件の全容報告であるとともに、そうした社会部記者たちの取材行動記録でもある。

六年前に愛知県西尾市で大河内清輝君のいじめ自殺が起き、当時デスクだった私も取材に加わった経験がある。いじめが「排除」から「隷属」へと移り、金と暴力も絡むようになった変質を象徴する痛ましい事件だったが、今回はこれを途方もなく激化させた。被害少年は本当によくぞ生きていてくれた、とさえ思う。私たちの社会は清輝君の自殺から何を学んだというのだろうか。とりわけ今回の事件で感じるのは、大人たちの危機センサーがまるで働かなくなっていることだ。危機管理という以前の、察知する感性の鈍磨。家庭で、学校で、地域で、警察で、大人たちは子どもの異変に幾度も遭遇しながら、ピンと来ないまま見逃してしまった。重大な結果につながる小さな予兆に反応できない感知不全は、最近頻発している企業や官庁の不祥事にも相通じる。現代の日本社会が抱える最大の病なのかもしれない。

出版にあたり、取材に協力して下さったすべての方々に改めて感謝したい。そして、本書が、子どもたちを見つめ直し、いじめを減らす努力にいささかでもお役に立てればと願っている。

二〇〇〇年八月

中日新聞社会部長　加藤　幹敏

ぼくは「奴隷」じゃない

〈目　次〉

第3章 「放置」

第4章 「連鎖」

第5章　「処分」

第6章　「父として　母として」

＊主犯格A少年

第1章

「告白」

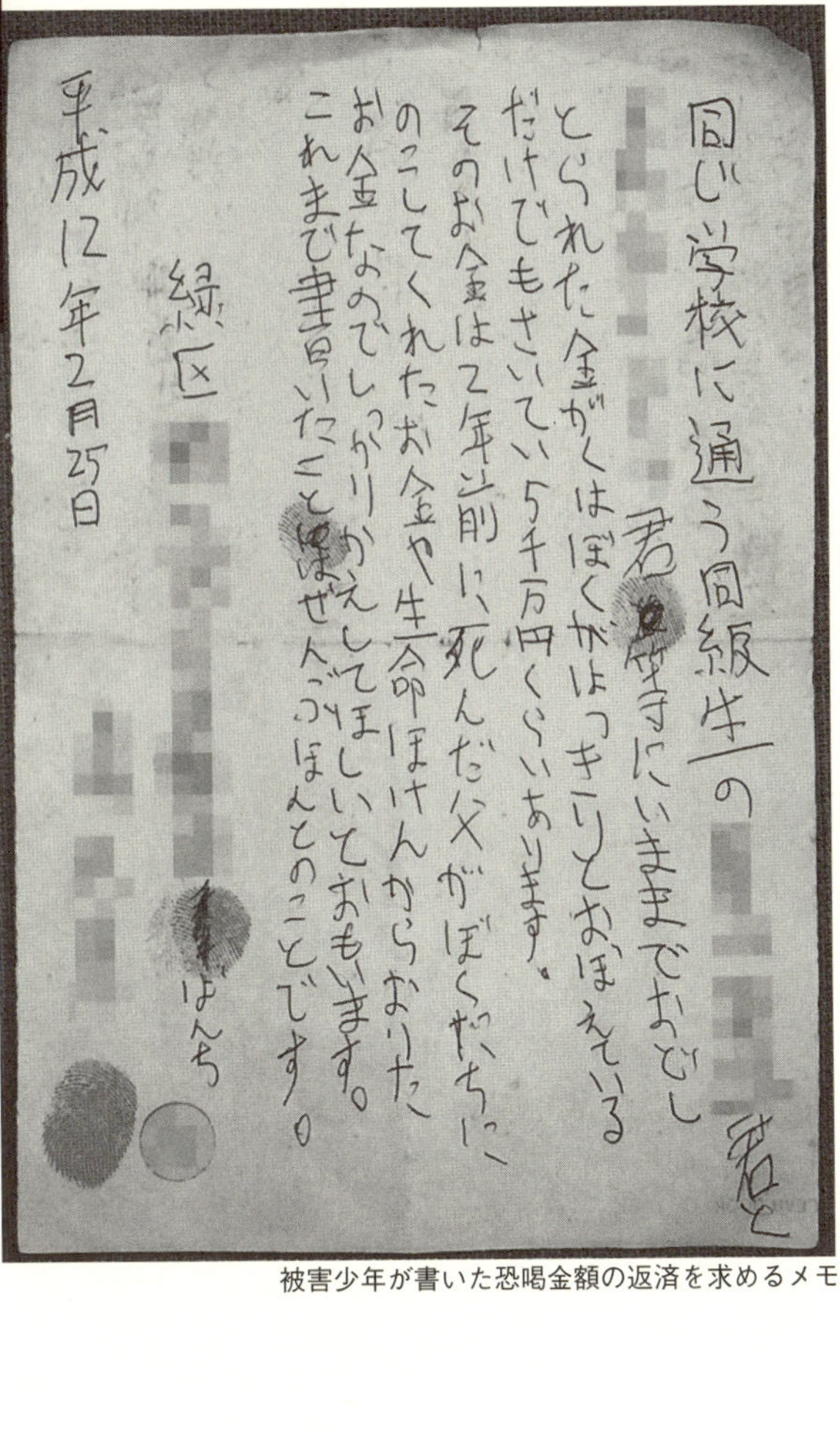

君と
同じ学校に通う同級生の
君等にいままでおどし
とられた金がくはぼくがはっきりとおぼえている
だけでもさいていい5千万円くらいあります。
そのお金は2年半前に、死んだ父がぼくたちに
のこしてくれたお金や生命ほけんからおりた
お金なのでしっかりかえしてほしいとおもいます。
これまで書いたことはぜんぶほんとのことです。
緑区
ぼいん
平成12年2月25日

被害少年が書いた恐喝金額の返済を求めるメモ

「桁《けた》が違います」

「いくらだと思いますか」

　名古屋市緑区の病院。喫煙室で、二人の男が椅子に腰を掛けたまま話し込んでいた。二〇〇〇年二月二十三日の朝。問いかけた二十歳そこそこの若い男は目付きが鋭く一見こわもて風だが、相手の男が少し年上ということもあってか、いたっていねいな口調だった。

「そんなもん、わかるわけないだろ」

　短めの髪をオールバックにした三十代前半の男は、煙草の煙を吐きながらぶっきらぼうに、そう答えた。背広を着て、だれかを見舞いにでも来たような感じだった。一方の若い男は病室からそのまま起きてきたような寝間着姿で明らかに入院患者。ほとんど寝ていない様子だが、少し興奮しているためだろうか、鋭い目に緊張感を漂わせ、気持ちの高ぶりが顔に表れていた。「わかるわけない」と言った相手のぶっきらぼうな調子におかまいなく、その鼻の先に、開いた片手を突き出した。

　年上の男は「五十万か」と言った後、ちょっと驚いたように「そりゃすごいな」と言って目を見開いた。

　少年の恐喝事件といえば、七、八万がザラというご時世。年上の男は内心、五十万円は少し多いかな、とは思ったが、もったいぶって聞いてくるからにはそれくらいかも知れない、と考えた。

しかし、若い男は「いや、桁が違いますよ」と言って首を振り、あらためてまじめな視線を向けてきた。

「五百万か！」

「桁が違います」

「ああ、五万か……」

五百万という、常識はずれな数字を真顔で口にしてしまった自分が少し恥ずかしくなったのか、「五万」と言い直した背広姿の男は照れ隠しのために「そうだよな、やっぱり」と一人で納得するようにうなずいた。

若い男はもう一度首を左右に振り、あたりをはばかるように一段と声を潜めた。

「五千万円です」

「えっ」

吸いかけの煙草を指に挟んだまま一瞬、相手の目を見返した。

「嘘つけ、たわけ！」

前の廊下を行く看護婦たちが思わず何ごとかと振り返るような大声だった。

「そんなわけないだろ。お前、五千万円だなんて……。たわけたこと言っとるな」

周りを気づかって、今度は少し声を落としたが、丸出しの名古屋弁に驚きの大きさが表れていた。

「だって、そんな額を中学生がどうやって払うんだよ。払えっこないがや」

「そうですよねえ」

相変わらず落ち着いた様子の若い男も、そう言って目の前の灰皿立てに視線を向けたまま、しばらくは考え込んでいた。

互いに黙ってしまった二人が、その時考えていたことはほとんど同じだった。

常識的にありえないが、やっと話したあの子がいまさら嘘を言うわけがない――。

途方もない恐喝の被害金額を初めて告白したその少年は、長い間心にのしかかっていた重しの一つがとれたためだろうか、隣の病室でまだすやすやと眠っていた。

三人の病室仲間

中学生五千万円恐喝事件の被害者母子と、たまたま入院していた三人の男たちとの出会いから、それは、ちょうど九日目のことだった。

少年から被害金額を聞き出したのは、病院でこの少年と八人部屋の同室となった日置治（仮名）だった。年は二十二歳。眼光鋭く、一見してサラリーマンのような堅気の仕事に就いているようには見えない。父親が暴力団組長で、知り合った患者仲間には自分自身、傷害事件で少年刑務所に入った経験があることを打ち明けていた。定職にはついていない。少年と出会ったことが、日置には何となく偶然とは思えなかった。

日置から「五千万円」という額を聞かされ半信半疑でつい「たわけ！」と大声を出したのは三十一歳の自営業者、井上忠嗣（仮名）である。彼は、ある地方都市の市会議員。政治に夢と希望を抱き、「地盤、看板、かばん」のいずれもない中、二十代半ばに立候補して当選した。保守系の党派に所属し、議会の若手議員グループの中心メンバーとして、理想と現実とのギャップに苛立ちを感じながら政治活動を続けている。議会活動でのストレスが高じて内臓をいため、入院していた先での少年との出会いだった。少年が、学校からも警察からも救いの道を絶たれていた理不尽さに感じた強い憤り。弱いものを集団でいじめ、金をたかるというゾッとするような今の子どもたちの現実。政治家としてなすべきことをもう一度、問い直さずにはいられなくなった。

九歳年長という年齢差からだろうか、喫煙室で知り合ったその日から、日置には年の離れた兄のように慕われていた。日置から被害金額を聞かされる一週間前、すでに井上は退院していたが、退院後も少年のことが気になって、忙しい中を毎日のように病院に通っていた。日置もまた、少年が話した内容のすべてを井上に報告した上で、善後策についての相談をしていた。

もう一人は井上と同室だった大工の田代新市（仮名）。日置ほどではないが、父親が「テキヤ」だったという二十九歳の田代も十代のころは血気盛んで、俗に言う「荒れた」経験があった。今回はけがで入院。少年を一生懸命励ましながら、荒れていたころの自分の経験も話した。職人としてまっとうしてきたこの数年間で、過去を振り返り、他人に話したのは初めてだった。

三人は、相前後してこの病院に入院してきた。入院生活の間、暇を持て余して、一日に何度か訪れるようになっていた喫煙室でたびたび顔を合わせるうち、世間話をする程度の関係から、いつの間にか打ち解けた会話を交わすような間柄になっていた。何となく気が合う。三人ともが、そんな気心を互いに感じていた。

被害少年が入院してきたのは二月十五日。スキー旅行から帰ってきた息子の様子に驚いた母親に付き添われ、病院に来た。暴行によるけがでの入院はこれが二度目だった。

少年が病室に入ってきた時、その様子に他の入院患者は息を飲んだ。顔のあちこちが内出血で紫色にうっ血し、顔全体が三倍ぐらいにはれ上がって見えた。目もどこかしら、うつろな感じだった。トイレに行く時でもどこか挙動不審で、キョロキョロとあちこちに目を配り、いつも何かに怯《おび》えている感じだった。病室から時折ふらふらと出てきては、周りの様子をうかがいながら廊下を行ったり来たりしていた。

病院が用意した黄色っぽい浴衣のような患者用の着物の、はだけた胸の間から、煙草の火を押し付けられた痕《あと》がのぞいていた。その痕は腕にもいくつかあった。外から見える皮膚のいたるところに、赤くただれた箇所があった。半分治りかけてケロイド状になった赤い斑点が体全体に散らばっている感じだった。

さらに異様なのは、その表情だった。いつもうつむき加減で、人と目が合うと、うつろな目が一瞬、ビクッとおびえたように緊張し、視線をそらした。

少年は入院当初、ベッドに寝ている時間だけでなく、一日二十四時間、ずっと点滴を続けていた。

トイレに立つ時は、その点滴容器をぶらさげたキャスター付きの器具をガラガラと引いて歩いていたため、病室から出ていったりすると、すぐ目についた。そんな状態が入院した後三、四日も続いていた。顔のむくみがひいたのは一週間近くが過ぎてからだった。

井上は少年を最初に一目見た時、「人間をこうまで殴る必要があるのか」と思った。こういう暴行を加える場面や相手を想像してみた。拳《こぶし》で二、三十発、思いっきりぶん殴ればこういう状態になるかも知れない。しかし、そこまでやる相手の意図と動機は一体何だろうか。思い浮かばなかった。憎しみだけで、できるだろうか。たぶん、ここまではできないだろう。結局、到達したのはテレビゲームの悪影響、というありきたりな結論だった。ただ、ゲーム感覚で人を殴るということが、自分自身でピンと来ないため、結局この少年をサンドバッグのように殴った相手の気持ちを具体的にイメージすることができなかった。

三人のうち、この少年に何が起きたかを直観的に察知できたのは日置だった。たまたま少年と同じ病室だった日置は、少年が母親に付き添われ、病室に入ってきたところを見ていた。暴行によるけがの状態、生気のない表情を見た瞬間にピンと来ていた。

（かつあげ［恐喝］で袋だたきだな）

その後、喫煙室で座って話しているとき、目の前の廊下を横切って行く少年のむごたらしい症状に息を飲んだままの井上と田代に、日置はこう言った。

「この間話したでしょう。あの子、昔ぼくがやった被害者と同じですよ」

ぼくがやった被害者――。自分も十代のころ、何人もの少年を同じような目にあわせてきた。少年を一目見て「これは！」と直感できたのも、同じ状態に追い込んだ人間を何人も目の前で見てきた経験があるからだった。

荒れた少年時代を過ごした日置は、病院で出会って間もない二人に「何人を不登校にしたか知れない。本当に後悔している」と自分の過去を告白した。

人目につかないところへ呼び出しては、徹底的に殴る蹴るの暴行を加えた日々。なぜ、そこまでやらなければ気が済まなかったのか。ささくれだっていた当時の気持ちを日置は話した。

「結局、怖かったんです。警察や学校にチク（訴え）られるのがね。だから、抵抗したり、反撃する気力がなくなるまで痛めつけるんです」

その揚げ句に少年刑務所に送られ、償いの日々を過ごした。少年時代の自分の暴走の犠牲になった人たちに、失った時間を戻せるわけではない。後悔してもどうにもならないことはわかっている。しかし、だれかに打ち明けずにはいられなかった。

妙なタイミングというか不思議なめぐり合わせというか。かつての過ちと後悔の念を、ちょうど年長者の二人に打ち明けた矢先、自分が殴打した被害者と同じようにされて追いつめられた少年が目の前に現れたのである。

少年は、入院した日から病院内の喫煙室で話している三人に興味を持った様子だった。昔からの友人同士のように楽しそうに話している三人を、病室から出てきては興味深そうに見つめていた。

笑い声を上げる三人に、病室の入り口からじーっと目を向けていた。三人が会話を中断し、少年の方に目をやると、さっと視線をそらして再び病室の中へ消えて行った。それでいて、十五分か二十分たつと、また廊下をうろうろする。そんなことが入院初日のわずか二時間ほどの間に何回かあった。

「本当は話をしたいんだ」

少年の様子に、三人はそう感じていた。

日置は、病室で見て「かつあげ」と直感した時から、少年を放っておけなくなっていた。それが、つい数年前まで何人もの同世代の若者を苦しめてきたことに対する懺悔《ざんげ》の思いなのかどうかは自分でもよくわからない。ただ、いてもたってもいられなくなり「何とかしてやろうや」と他の二人に呼びかけていた。

口を閉ざす少年

井上も田代も、最初は「かつあげで袋だたき」という日置の直感には半信半疑だったが、少年が一体どんないきさつでここまでひどい暴行を受けることになったのかが知りたかった。

病室からガラガラと点滴器具を引きながら廊下へ出てきた少年に喫煙室の三人が声をかけたのは入院初日の夕方だった。

「君、そのけが、どうしたんや」

少年は立ち止まり、照れたような笑いを浮かべた。いや、照れ笑いを浮かべようとしたのだろうが、実際は紫色にはれ上がった顔の口元とほおのあたりが、わずかにゆがんだだけだった。

少年は「けんかで……」と小さな声で言った。

「ずいぶんと派手にやられたなー。相手は一人か？」

日置が聞くと、少年は少し考えてから「五人」と答えた。「五人から袋だたきにされたんか？」

田代が聞いた。

少年は、また少し考えてから「四人まではぼくが勝った。けど、最後に負けちゃって……」と言って、また口元を少しゆがめた。

その嘘はあまりにも見え透いていた。百六十センチを少し上回る程度の身長と小太りの体格からは、とてもけんかに強いイメージは浮かばない。話し方も、ぼそぼそという感じで、けんかでたんかを切るような場面がおよそ似合わないタイプだった。

「恐喝でお金とられたんじゃないか？」

日置がズバリと聞いた。

少年の表情が一瞬、ろう人形のように固まった。

「脅されて殴られたんと違うんか？」

念を押すように聞かれても、少年は押し黙ったままだった。

恐怖心からおびえて話せなくなっていることが、三人にはすぐにわかった。

「まあ、ええわ。でもな、自分一人で抱えとったたって解決せんぞ。また話す気になったら俺たちに話してくれよ。その時は三人で必ず力になるからな」

その日は、それで終わった。

翌日から、男たちは病室や喫煙室で意識的に少年に話しかけるようになった。少年が病室のベッドにいれば、「ジュース飲みに行こうか」と喫煙室に誘った。喫煙コーナーで三人が暇をつぶしている時に、少年が前の廊下に出てくれば「おーい、一緒に話そうや」と呼びかけた。

日置たちが声をかけると、少年は必ず誘いに応じた。三人の男たちと喫煙室で夜更《ふ》けまで話し込むようになった。学校のことを聞いたりするとぽつりぽつりと答えるようになった。しかし、たわいもない雑談には答えても、恐喝の被害のことになると、少年の口は、やはり重くなった。

恐喝のことを聞いても、少年は首を横に振って「違う」と答え、その事実さえ認めようとはしなかった。それ以上聞いても下を向いたまま押し黙った。

三人の男たちも、少年の心を開こうと必死だった。

大工の田代は、自分が十代の頃に荒れた体験を打ち明けた。相手に暴力を振るったことも正直に話し「今は後悔してる」と語りかけた。少年がしゃべらないのは、ひょっとしたら「一方的にやられた」恥ずかしさが原因かも知れない、と感じていた。けんかして負けることもあれば、運が悪く恐喝されることもある。でも、そうなったからといって逃げていちゃだめだ——。田代はとつとつとしたしゃべり方で自分の過去を打ち明けながら、励ましとエールを黙りこくる少年に送り続けた。

井上は「お前は弟みたいなもんだし、友達みたいなもんだ」と、親身になって呼びかけた。口を開こうとしないのは、ひょっとしたら知り合って間もない自分たちを信用していないためかも知れない。親身に話を聞こうとしているうちに、本当の弟のようにさえ思えるようになっていた。時には肩をポンとたたいたりしながら一生懸命話しかけた。

恐喝をした加害者側の心の内をよく知る日置は少年に懇々《こんこん》と説いて聞かせた。

「連中はな、徹底的に恐怖心を植えつけて、相手が抵抗しなくなると『よっしゃ』という気持ちになる。そのまま警察にも学校にもしゃべらんと『いいカモを見つけた』と思うだけなんや。そんなカモになったらいかん」

それでも、少年は口を閉ざしていた。話しかければ、とつとつと答えるだけ。自分から話しかけてくることはなく、ましてや被害のことになると黙りこくった。

「そっとしておいてください」

実は、そんな少年以上にかたくなな姿勢を保っていたのが母親だった。

少年に付き添っていた母親は四十歳を過ぎたばかりだったが、やつれた様子から実際の年齢より十歳くらいふけて見えた。五千万円もの金を恐喝され、なお加害者の少年グループから暴行を受けながら息子が金を要求され続けているという状況にあれば、ふけ込んで見えたのも当然だった。しかし、その時点でこの母子がそこまでの事情を抱えているとは想像もできなかった。

三人の男たちは、入院してきた初日から母親にも話しかけた。親子が打ち沈んでいる様子を見ながら、同じ病院で入院生活をする隣人として、知らん顔をしていられない、という純粋な気持ちからだった。

入院後間もなく三人はベッドのわきで看病している母親に話しかけた。

「お母さん、息子さんは、いじめられとるんじゃないですか？」

最初の母親の反応は「そんなことはありません」というあからさまな否定だった。「そんなことがあったら、私が守りますから関わらないでください」。ていねいだが、きっぱりした口調で男たちをはねつけた。

「でも、お母さん、あのけがを見ればわかりますよ。普通のやられ方じゃないじゃないですか」

「大丈夫ですから。そっとしておいてください」

母親の反応は変わらなかった。

「いじめられてるんでしょ。これだけやられたらかわいそうじゃないですか」

「本当にかかわらないで。何かあれば私が守りますから」

話しかけられるのも嫌だ、という雰囲気だった。どう話しかけても「とにかく私が守ります」の一点張りなのだ。

しびれを切らした田代が言った。

「お母さん、息子さんは恐喝されとるんですよ。このままでいいんですか」

恐喝、という言葉が出て初めて母親は黙り込んだ。

「息子さんが可愛いのはわかるけれど、放っておいたら大変なことになりますよ。お金を払ってしまったら、一度や二度で終わらないんですよ」

こわもての田代の妙に説得力のある物言いに、母親は恐喝の事実をあっさり認めた。

「いいんです。お金があるうちは払いますから。だから関わらないで」

あきらめだろうか、追い詰められた状況での覚悟というのだろうか。相手の言うがままに金を差し出す意思を母親が示したことに三人はあ然とし、その場で顔を見合わせた。

少し間を置いた後、井上がついたしなめるような口調で言った。

「お母さん、お金があるうちは払う、というけれど、もしお金がなくなったらどうするの？」

それを聞いた母親はうつむいた後、か細い声で言った。

「もしお金がなくなったら、その時はこの子を道連れに……」

母親の口から出てきたのは三人のだれもが予期しない言葉だった。語尾はよく聞き取れなかったが、母親はほとんど涙ぐんでいた。追い詰められ、相当に思い詰めているのは間違いなかった。たんに言葉のあやで出てきた台詞《せりふ》とは思えなかった。どんな事情があるのかこの時点ではわからなかったが「これは本気かも知れない」と三人に思わせる雰囲気を母親は漂わせていた。

再び喫煙室に寄り集まった井上、田代、日置の三人は「どういうことなんだろう」と顔を見合わせた。少年が暴行で受けた被害は限度を超えている。母親の思い詰め方は尋常ではない。それでいながら、警察にも訴えようとはしない。疑問はふくらむばかりだった。

三人は親しくなった医師や看護婦に、少年のけがのことを聞いてみた。

少年のけがは、だれの目にも他人から受けた暴行が原因だ。事件性が疑われる場合、病院側が警察に通報してもおかしくはない。しかし、病院の関係者からは意外な答えが返ってきた。

「お母さんがねえ。『どうしても警察には連絡してくれるな』と言うんです。ひどい暴行ですよ。でも、ああまで強く言われるとね」

何がそこまで母親をかたくなにさせているのだろうか。母親は、相手が信用できる人間かどうかを見極めているというより、外部からの干渉の一切を拒否しているように見えた。普通は看護婦と雑談や無駄話の一つもするものだが、少年の母親は、必要最小限の会話しか交わしていなかった。まるで「私はだれにも心を開きません」と全身で訴えているかのようだった。

「お金が続くうちは払います」と言った母親だが、自営業者の井上は少年が入院してきたその日に、ちょっと気になる光景に出くわしていた。たまたま喫煙コーナーに一人でいたから、よく覚えている。

少年と母親は、喫煙室のすぐ近くの自動販売機の前に立っていた。

母親は少年に「これは明日の分だからね。一日一本だけだからね」と言って、百二十円を手渡していた。

もらった硬貨を、少年がすぐにジュースの自販機の投入口に入れた。その時だった。母親が突然、声を大きくして少年を叱りつけたのである。

「今買ったら、明日どうするの！　買えなくなるじゃないの！」

尋常でない叱り方だった。「お母さん、そんなに叱らなくても」。思わずそうつぶやきかけたほどである。

血相を変えた母親の様子に驚くと同時に、叱られてうつむいている少年に同情した。入院中の一日のお小遣いがジュース代の百二十円。「中学生のお小遣いとしては、ちょっと、かわいそうだな」と思ったのである。しかし、母親の側に立てば、「たとえ一本だけでも毎日ジュースを飲ませてやりたい」という純粋な親心だったのだろう。経済的にかなり厳しい事情があるのが、親子の様子から見て取れた。

その光景が鮮明に焼きついていただけに「お金があるうちは払いますから」という母親の言葉が、どうにもふに落ちなかった。そんなお金に余裕がある家庭には思えなかったし、息子のお小遣いをあそこまで厳しく管理している母親が、恐喝に対して「いくらでも」というのは矛盾があり過ぎた。

しかし、五千万円もの大金を恐喝された事実が発覚した時、この合理的には理解し難い二つの事実に納得できる気がしたのである。親子の生活感覚の中で実感のあるお金が「百二十円」だったのに対し、恐喝されるがままに保険金を下ろし、実家の不動産を売って用立てた総額「五千万円」というお金は、息子の命の代償ではあっても、生活実感のまるでない別世界の数字のようなものではなかったのだろうか。

もっとも、そういったことも被害の実態が明らかになって初めて合点がいったことで、当初、親子ともども口を閉ざしていた段階では一体、この親子に何が起きているのか、さっぱりわからなかった。

対決

親子が心を開くきっかけとなった転機は、少年の入院から一週間後の二月二十二日のことだった。

その日、いつもは病室のベッドか喫煙室のどちらかにいる少年が、姿を消していることに最初に気づいたのは井上だった。少年の病室をのぞき、ベッドがもぬけのからになっているのに気がついた井上は「おい、あの子どこに行った?」と、少し離れたベッドで昼寝をしていた日置に声をかけた。日置は、眠たそうに目を半開きにして「喫煙室じゃないスか?」と聞き返した。

「いないんだよ。治療室にもいない」

井上がそう答えた時、同じ病室の入院患者の一人が「そういえば、さっき中学校の友だちが訪ねて来て、一緒に出ていったよ」と言った。

それを聞いた日置はパッと目を開き、ベッドから飛び起きた。

「しまった！」

恐喝グループの少年らが入院当初、一度訪ねて来たらしいことは知っていたが、その後はまったく姿を見せていなかった。油断していた。

「どこへ行きました？」

日置の質問に、入院患者は「さあ。来たのは同級生らしい子二人だけど、どこへ行ったかは……」と申し訳なさそうに答えた。

井上は、すぐに別の病室にいる田代を呼びに行った。

「いかんな、やられているかも知れない。捜しに行こう」

手際良く分担を決めた。田代は北館、日置は南館へ、それぞれ走って行った。井上は階段の踊り場、トイレなど、人目につかなそうなところを見て回った。どこにも見当たらなかった。再び集まった三人は「屋上しかないな」と、階段を駆け上って行った。

ドアを開けた井上の目に、吹きさらしの屋上で突っ立っている三人が目に入った。少年は二人の中学生の前に立って、うつむいていた。着ている黄色い患者着が、吹きつける真冬の風で体に張りつき、いかにも寒そうに見えた。少年と向かいあっている中学生は、どちらも眉毛をそっていきりたったような顔つきをし、一人の髪の毛は真っ茶色だった。学生服のポケットに両手を突っ込み、少年を問い詰めているように見えた。ぼそぼそとしたしゃべり方で、井上たちに会話の内容は聞こえてこなかったが、雰囲気からいじめているグループということは一目瞭然だった。

「お前ら、いい加減にしとけよ！」

全身に怒りをみなぎらせた井上の怒声に、二人の中学生がびっくりしたように振り返った。少年も、うつむいていた顔を上げ、ドアを開けて出てきた井上と、そのすぐ後ろから勢いよく屋上のフロアに駆け込んでくる日置と田代をじっと見ていた。

「そんなにけんかがしたかったら、俺らが相手したるでかかって来いや！」

井上の大声と、大人三人の迫力に、二人の中学生は一瞬にして気押され、おじ気づいてしまったように見えた。

「ち、違うんです。僕ら、友達ですから。僕らは違いますから」

おびえたように震える声で二人は釈明した。

「お見舞いに来たんです。僕たち、本当に友達ですから」

井上は「ふざけるな！」と、隣のビルにまで届きそうな大声で怒鳴った。そのまま二人をしばらくにらみ続けた。「本当です。友達なんです」。懸命に言い訳する二人から少年に目を向け「本当にこいつら友達か？　本当のことを言ってみろよ」と聞いた。

少年は下を向いたままだったが、はっきり「友達です」と答えた。

仕返しのことを考えれば、ここで本当のことなど言えるわけがない。そう考えると、井上はいよいよ腹が立ってきた。

「どっちでもいいわ。もういい。お前ら帰れ！　二度と来るな！」

犯行グループの二人を怒鳴り上げる井上を「まあまあ、井上さん」と押しとどめたのは日置だった。

「本当に友達かも知れんですよ。だったら、こいつらにも協力させて彼を恐喝した連中を調べさせたらどうですか」

そう言った後、日置は犯行グループの二人に「さあ」と促した。日置が、この二人を被害少年の友達と見たわけではない。犯行グループと直感した。ならば、追い払って済ませるのではなく、この二人を使って芋づる式にグループ全員を引っ張り出せないか、という考えが頭にひらめいたのだ。

二人の少年は、穏やかな日置の物言いに救われたようにほっとした表情を浮かべた。「だれにやられたの？」。二人のうちの一人が少年に尋ね、少年が「よその中学の生徒」と答えた。下手な芝居を打つ犯行グループ二人と、後々の仕返しが怖いがためにその二人をかばおうと一生懸命にうそをつく少年との間で、茶番劇のようなやりとりが続いた。

それを見て、井上はますます怒りがおさまらない。

「もういい。うそばっかりつきやがって。帰れ！　もう二度と来るな！」

頭に血が上って、わめき散らすように怒鳴っていた。そんな井上に対し、日置はむしろ冷静だった。「わかった。お前ら、友達なんだな。それならちゃんと友達の面倒をみろよ。犯人もちゃんと探しておけよ」と念を押した。

いくら、日置が穏やかに話しても、漂わせている独特の雰囲気から、犯行グループの二人にも「その筋の人」ということがわかったのだろう。おびえたように何度もペコペコと頭を下げ、出口に向かおうとした。

「ちょっと待て」と日置が二人を呼び止めた。「お前ら携帯電話持っとるやろ。番号を聞いておくわ。何かあった時に連絡とれんようじゃ困るからな」。番号を確認した日置は「犯人探しをお前らも手伝えよ」と二人に念を押した。もはや、恐怖からその場を立ち去りたい一心の二人は「わかりました」「できることは協力しますから」と約束させられ、逃げるように屋上のドアから姿を消した。

日置が見せた、冷静沈着な対応ぶりに感心しながら、井上は「本当に今の二人にそんな凶悪なことがやれるんだろうか?」という疑問を感じていた。病院の屋上で見た中学生二人は、見かけこそ茶髪のツッパリだが、一喝されておびえた態度はひ弱そのもの。被害少年の顔を無残に変形させるほど殴るような凶暴性を持っているとは、とても見えないのである。

実は井上が加害少年のグループと接触したのは、これが初めてではなかった。被害少年が入院した翌日の二月十六日、犯行グループの別の三人ともニアミスを起こしていた。

井上がたまたま一人で喫煙室で煙草を吸っていた時のこと。外から来た三人の中学生が、学生服のまま喫煙室に立ち寄り、煙草を吸い始めた。

それまでボーッとして煙を吐いていた井上の頭に血が上った。あまりの傍若無人ぶりに、「大人をなめやがって」と、ギッとにらんだ。吸い続けたら怒鳴っていたに違いない。が、雰囲気で察したのだろう。一人が、つけたばかりの煙草の火をあわててもみ消し「やばいぞ」というように残りの二人にも目配せすると、あとの二人もサッと煙草を灰皿に押し込むや、そそくさとその場から立ち去って行ったのだ。

拍子抜けした、というのが正直な感想だった。「昔の突っ張りなら……」と井上は考えてみた。まず、にらまれたぐらいなら、にらみ返してきただろう。もし「お前ら、中学生だろ！」と怒鳴られたら、「お前に関係ねーだろ」ぐらいのことは言い返してくるはずだ。その場を去るまでに、ふてくされながら意地でも一本は吸い切ったと思う。

自分が見た三人は、井上の怒った雰囲気だけで明らかにうろたえ、オタついていた。背も百八十センチ近くあったし茶髪で眉毛もそっているが、「ツッパリ」とはほど遠いひ弱な印象を受けた。病院の屋上から逃げるようにして去った二人の様子から、あらためて喫煙コーナーでの出来事を思い出したのである。

病院の屋上で、不良中学生が見せた「ひ弱さ」に井上以上に驚いていたのが、他でもない、被害少年自身だった。彼にとって、屋上で日置や井上たちに一喝され、おびえた表情を見せた同級生二人は、まるでいつもとは別人だった。

「あいつらより、この人たちの方が強いんだ」

少年にとって、それは素直な驚きだった。そして、初めて「この人たちといる限り、連中はぼくを殴ったりお金を取ったりできないかもしれない」と思った。大人に対する信頼感が初めて彼の中に芽生えたのである。

少年がとりわけ、畏敬《いけい》の念を寄せたのが日置だった。井上や田代に対しても、同級生二人は確かに気圧《けお》されていた。しかし、少年が見る限り、日置に対して見せた奴らのおびえは特別だった。明らかにすくんでいた。ヘビににらまれたカエルのように縮み上がっていた。先生に対してふてくされ、警察に呼ばれてもケロッとして大人をばかにしたような態度を見せていた同じ奴が、なぜだろう。その疑問に対する答えは簡単だった。「暴力」で絶対にかなわない相手だということを、連中は直観的に悟ったからだった。

屋上から戻った少年と井上、日置、田代の四人はいつもの喫煙室にいた。

少年は、屋上で脅された時とはまったく違う表情になっていた。いつも浮かんでいた目のおびえが消え、子どもらしい上気した顔にはこれまで感じたことのない明るさがあった。「あの二人は……」。あらためて聞くと、あっさりと連中が自分を恐喝した相手であることを認めた。

「何人ぐらいにやられていたの？」

少年は「十人ぐらい」と答えた。

名前も、今しがた屋上に呼び出した二人に続いて、主犯格のＡやＤ、さらに中学校が違うのに同じグループにいて恐喝を繰り返したＣらの名前を、ぽつりぽつりと明かし始めた。意を決して話すというよりは、淡々とした話し方だった。犯行グループに連れ出され、絶望的になって屋上に立ちすくんでいたところを救い出してもらい、さらにいとも簡単に同級生たちを追い払ってもらったことが、少年の心に変化をもたらしているのは間違いなかった。それまで重く閉ざしていた心の扉が徐々に開き始めたようだった。

夕方、井上が自宅に帰った。食事が終わった後、同室の日置と少年の二人は再び喫煙室に出てきて話し始めた。医師や看護婦が目の前の廊下を行き来することもなくなった真夜中になって、少年は初めて脅しとられた具体的な金額を口にした。

最初に出てきたのは「五百万円」という、一瞬耳を疑う金額だった。それが一カ月ぐらい前のことで、しかも脅しとられた場所が、今いるこの病院の中と聞いて、日置はあ然とした。

「入院したのは今回が初めてじゃなかったの？」

金額を疑う前に、日置はまず一カ月前に何が起きたのかを聞いた。少年はグループの複数から激しい暴行を受けたことを話した。入院当初のように、日置たちに「タイマン（一対一のけんか）張って最後に負けた」などとうそをつくようなことはもうなかった。

少年の口から出てくる暴行の実態は、すさまじいものだった。鼻をつぶされ、肋骨を何本もへし折られていた。今回入院するに至った経緯は、スキー旅行に無理やり連れ出され、名古屋に帰ったその日に連中から体をガムテープでグルグル巻きにされ、アスファルトの上を転がされた揚げ句に、何人もから延々と蹴飛ばされたことが原因だったことも、少年は打ち明けた。死んでいないのが不思議なくらいだ、と日置は思った。

一カ月前、五百万円を脅しとられた時は、入院中、病室にグループの一人が押しかけて来て要求し、母親が銀行から下ろして来て与えたことを少年は打ち明けた。その時の相手を聞いて、日置は驚いた。昼間、屋上で日置が携帯電話の番号を聞いた、あの背の低い同級生だというのである。

驚くとともに、無性に腹が立って来た。これほどの話は日置が荒れていた当時の悪グループの間でも耳にしたことがなかった。

その後、少年の口から脅されるごとに払ったという金額として「百万円」「三百万円」という数字が次々に出てきた。日置の頭は混乱した。「五百万円って、どれくらいの札束だったの？」

少年は思い出すように少し首を傾げながら、親指と人差し指で十センチぐらいの幅をつくって見せた。

「そんな大金、どうやって用意したの？」

つい、たたみかけるような口調になっていた。やはり、にわかには信じがたかった。

少年は「母さんに頼んで、銀行から引き出してもらった」と答えた。その後、「三年前に死んだお父さんが残してくれた生命保険が、三千万円あったから」とうつむきながら小声で答えた。

「いったい、全部でいくら払ったの？」

日置の質問に、少年はしばらく考えた後「五千万円ぐらい」と答えた。日置は「うーん」と腕組みをしたまま、考え込んでしまった。「本当か？」。その言葉を何度も飲み込んだ。

しかし、もうそれ以上、問い詰めるように恐喝の中身を聞くのはやめた。

「今日は疲れたやろ」

少し優しい顔になって少年に声をかけた。少年はこっくりうなずいた。今まで、胸の奥にしまい込み、家族以外のだれにも打ち明けられなかったことを、ついに吐き出した。いまわしい記憶を思い起こし、再現して伝えるのは大きなストレスだった。だが、その疲れの一方で、少年の心の中には、これまで感じたことのない安どがあった。

少年の背中をポンとたたいた日置は「よく頑張ったな」と声をかけた。二人は、喫煙室の椅子から立ち上がった。小柄な少年の肩を手荒にぐっとつかみ、連れだって病室へ向かう様子は、兄弟のように見える。真夜中の病院内には、時折、巡回で廊下を歩く警備員以外、ほとんど人の気配がなかった。病室で、二人はそれぞれのベッドに潜り込んだ。日置は、他の患者の寝息に、やがて少年の寝息も溶け込んでいくのを聞いていた。しかし、日置の目は冴《さ》え、眠気はまったくなかった。「本当だろうか……」。薄暗がりの中に浮かぶ病室の白い天井を見つめながら、その問いかけを、何度も繰り返していた。普通はありえない話だが、日置が下した結論は「本当としか思えない」だった。

学校への電話

翌二十三日朝、日置は前の晩に少年から聞き出した内容を喫煙室で井上と田代に伝えた。反応は二人とも同じだった。

「信じられん」

「でも嘘を言うとは思えんな」

三人はその日の午後、見舞いに訪れた少年の母親をつかまえた。病室の少年のベッドのわきの椅子に座った母親は、三人が近寄って来るのに気づくと、ハンドバッグを広げたり、息子の下着をたたんだりと手をせわしなく動かし、いかにも「忙しいから話しかけてくれるな」という仕草を見せていた。

そんな様子にお構いなく、井上がまず、声をかけた。

「お母さん、聞きましたよ。息子さんは全部話してくれましたよ」

努めて冷静に話したつもりだが、やはり気持ちのたかぶりがつい口調に表れてしまうのか、いつもと違う雰囲気を察した母親は、うつむいたままかたくなに拒絶のポーズを固めた。

井上は続けた。

「恐喝されて、いじめられていたことを全部打ち明けてくれました。恐怖心でいっぱいなのに、すごく勇気のいることだと思う。やっと『このまま負け犬になってはいけない』と気づいてくれたんです」

母親はひざの上に視線をおとしたまま黙って聞いていた。井上は、その母親に訴えた。

「彼は本当に偉い。あとはお母さんですよ。お母さんも勇気を出さなきゃ。僕たちや警察が動いても、お母さんが頑張らないと、たとえ事件が解決しても、親子二人が受けた心の傷は回復しないですよ」

説いて聞かせるように言った。母親が心を開いてくれるのを祈っていた。日置と田代の二人も、母親の表情を食い入るように見つめていた。

「お母さん、勇気を出して話してください。でないと、本当の解決にはならないんですよ。僕たちも一緒に闘いますから」

井上の言葉に続いて、日置と田代が「そうですよ、お母さん」と呼びかけると、一呼吸置いて母親がつぶやくように言った。

「わかりました」

そして、やつれた顔を伏せたまま「お任せします」と答え、三人に向かって座ったままの姿勢で頭を下げた。覚悟を決めたその姿にも、何かの呪縛からようやく解かれたようなほっとした様子があった。

もはや、少年の言葉を疑う気はなかった。と同時に、三人はここまで事態が放置されてきたことが不思議でならなかった。死んでも不思議でないような暴行を半年間にわたって受け続け、何千万円にも上る金を同じ学校の生徒たちから脅し取られていたのである。その間、学校側は何をしていたのだろう。

「相談したんです。でも、相手がわからなくて結局……。学校の先生に勧められて、警察にも一度行ったんですが『けがでもしないと事件にならん』というようなことで。それに、ひどいけがをさせられて、息子は『お母さん、だれにも絶対に言うな』『お金を渡さないと殴られる』と家で暴れるようになったもので。もうこの上は、こうするより仕方がないと……」

母親の話を聞いているうちに井上は、やりきれない気持ちになってきた。隣にいた日置も怒っていた。

「井上さん、こんなばかなことって、ありますか」

いったん病室を出て、井上と二人で喫煙室に座った日置は腹立たしげに言った。

「これだけのことをされていて、気づかないなんて、学校は一体何をしてるんですか。井上さん、とにかく、ぼくは一度学校に電話しますよ。気が済まんですわ」

もう、いても立ってもいられないという様子だった。すぐにも立ち上がって公衆電話に向かおうとする日置を、井上は押しとどめた。

「まあ、ちょっと待てよ。そう慌てるな。お前さんが興奮して、今の状態で電話するとまずい」

井上の言っている意味が、日置にはすぐには理解できなかった。

「とにかく、まず荒っぽい言葉は絶対に使うなよ。それから、自分はヤクザだとか、そういうことは言うな。誤解を生むだけだから。あくまで、一緒に入院していた知り合いで、相談されたから事情を聞きたいというふうに話すんだ。わかったな」

そこまで言い含められ、初めて日置は井上が言わんとするところを理解した。

少し落ち着きを取り戻した日置は、電話帳で少年が通っていた緑区の扇台中学校の電話番号を調べ、病院内の公衆電話から電話をかけた。

日置が少年の名前を出し「恐喝されていた」という話を持ち出すと、最初に出た教師が別の教師に取り次いだ。しばらくして、「私が担当の者ですが」という男性教師が出てきた。その声は、明らかに警戒している様子だった。

日置は「私は、一緒に入院しているものなんですよ」と言って名前を名乗った。相手は「そうですか」と言ったまま、日置の出方をうかがっていた。

「彼は、実際に今入院しているんですよ。ひどい殴られ方だ。本人から聞いた話では、初めてじゃないそうですね。お金も恐喝されている」

教師は黙って聞いていた。日置は構わず続けた。

「金額は合計で五千万円ぐらいだと本人は言っている。学校にも、いじめられていると相談したけど学校は何もしてくれなかった、と言っている。知らないはずないですよね。いったい、どういうことなんですか」

一方的な調子ではあったが、冷や冷やしながら隣りで聞いていた井上は、日置が怒りを押さえ、とりあえずは常識の範囲の言葉遣いで話したことにホッとしていた。

突然の電話で、しかも「五千万円」「恐喝」という仰天するような言葉の連続に、電話の向こうで教師は明らかに動揺していた。

「いや、そう言われましても、生徒本人からは何も聞いていないので……」

この場をいかにやり過ごそうかという反応だった。押さえに押さえていた日置の怒りが高まっていく。

「先生。冗談じゃないよ。恐喝した生徒の名前も何人か聞いている。きちんとお金を返してもらわなくては困るんだ。警察沙汰にするかどうかはその先のことだ」

教師は「本人から何も聞かされていないので、こちらとしては何とも答えようがありません」と繰り返した。最後は押し問答のようになり、日置は受話器を戻した。憤りで少し手に力が入り、ガチャンと大きな音をたてた。

「だめですわ」

日置は、後ろに控えていた井上に向き直って言った。

「全然らちがあきません。どういう無責任な学校なんですかね。生徒がこんな目にあっているってのに、知らん顔で通そうっていうんですかね」

日置から学校側の反応を伝え聞いた井上もあ然とした。「聞いていないっていうの？」と言ったきり、後の言葉が続かなかった。

決意のリスト

それから数日間、井上ら三人は、具体的な行動に移るための対応を相談した。井上、田代の二人は相次いで退院し、親子から詳しい事情を聴いたりするなど具体的なことは少年とともに病院に残った日置が任された。

日置はまず、母親から五千万円という被害額の証明ができるものは何かないかと尋ねた。母親は翌日、自宅から生命保険会社の通帳のコピーを持って来た。そこには、確かに父親が死亡して間もない時期に三千万円が振り込まれ、その後、昨年秋ごろから四、五カ月の間に百万円単位での引き落としが続いていた。

しかし、これだけでは「自分で使ったんじゃないか」と言われかねない。だれからいくら脅し取られたのか。返済を請求する場合には、きちんと相手に説明できなければいけない。少年に脅し取られた金額のリストを作らせた。

日置は、自分が間に入って加害者から返済を迫るしかない、と考えていた。被害者の親子は、緑署に訴えた際「けがでもしないと事件にならん」と門前払いにあっていたため、警察をまったく信用しなくなっていた。それと、この段階になっても、やはり少年は犯行グループからの仕返しを恐れていた。これだけの暴行を平気でする相手だ。少年の話によると、グループの中には暴走族の連中もいるという。よほど慎重にことを運ばなければ、親子の安全は守れない、と日置も考えていた。まず、少年に対する相手側の仕返しをいかに防御するかだ。日置は愛知県内の暴走族の親玉と言われている後輩の携帯電話を鳴らした。荒れていたころ、よく面倒をみてやっただけに、今でも日置のことを兄同然に思って慕っている。

電話口の後輩に、いま日置が関わっている少年とのことを手短かに説明した後、こう告げた。

「一緒に恐喝している暴走族のアタマの奴の名前はわからん。緑区の方の奴だと思うが、もし、お前のルートでそいつがわかったら言っといてくれ。この病院に入院している俺の弟分には間違っても手を出すなってな。頼んだぞ」

電話口の相手はすぐに了解し「わかり次第、連絡します」と答えた。

日置は、少年に紙とボールペンを渡し、自分から現金を脅し取った相手の名前と、それぞれに渡した金額を書くように言った。

驚いたことに少年は、一人一人に渡した日付や場所までかなり詳しく記憶していた。紙の上に、同級生ら八人の名字が並んだ。少年は、順番に半年間の記憶をたどって金額を書いていった。五百万円という大きな数字がある一方で、千円単位の数字も書き込まれた。最も多い相手で、その回数は十八回に及び、総額が二千二百万円を超えていた。全員の合計金額は五千二百七万円になった。

少年は、一回ずつの被害を思い出すのに、脅されたり殴られたりした場所をつぶやきながら書き込んでいた。かなりはっきりした記憶のようだった。時には、時刻まで正確に覚えていた。その様子は、痛々しくさえあった。

出来上がったリストが少年の記憶に基づく間違いのないものだ、という文章を書くように、日置は勧めた。この文章も、少年はすらすらと書いた。

「同じ学校に通う同級生の○○君と○○君等にいままでおどしとられた金がくは、ぼくがはっきりとおぼえているだけでもさいていい5千万円くらいあります。そのお金は二年前に死んだ父がぼくたちに残してくれたお金や生命ほけんからおりたお金なのでしっかりかえしてほしいとおもいます。これまでに書いたことはぜんぶ本当のことです。

緑区○○ばんち　平成12年2月25日」

二枚の証拠資料が出来上がった。

日置は八人全員の住所を少年の卒業アルバムで確認し、地図で場所を調べた。そして、加害者から返済を求める段取りと、今後の予定を母親に説明した。

「このまま警察が犯罪として取り上げないと、子ども同士の金の貸し借りということで犯罪にならないままうやむやになってしまうかも知れない。そうなると、息子さんに暴行した連中が仕返ししないとも限らない。ぼくが心配なのはそこなんです。返済もしてもらえず、揚げ句にグループでまた暴行するようなことではどうしようもない。ぼくがいつも近くについていてやれるわけではな

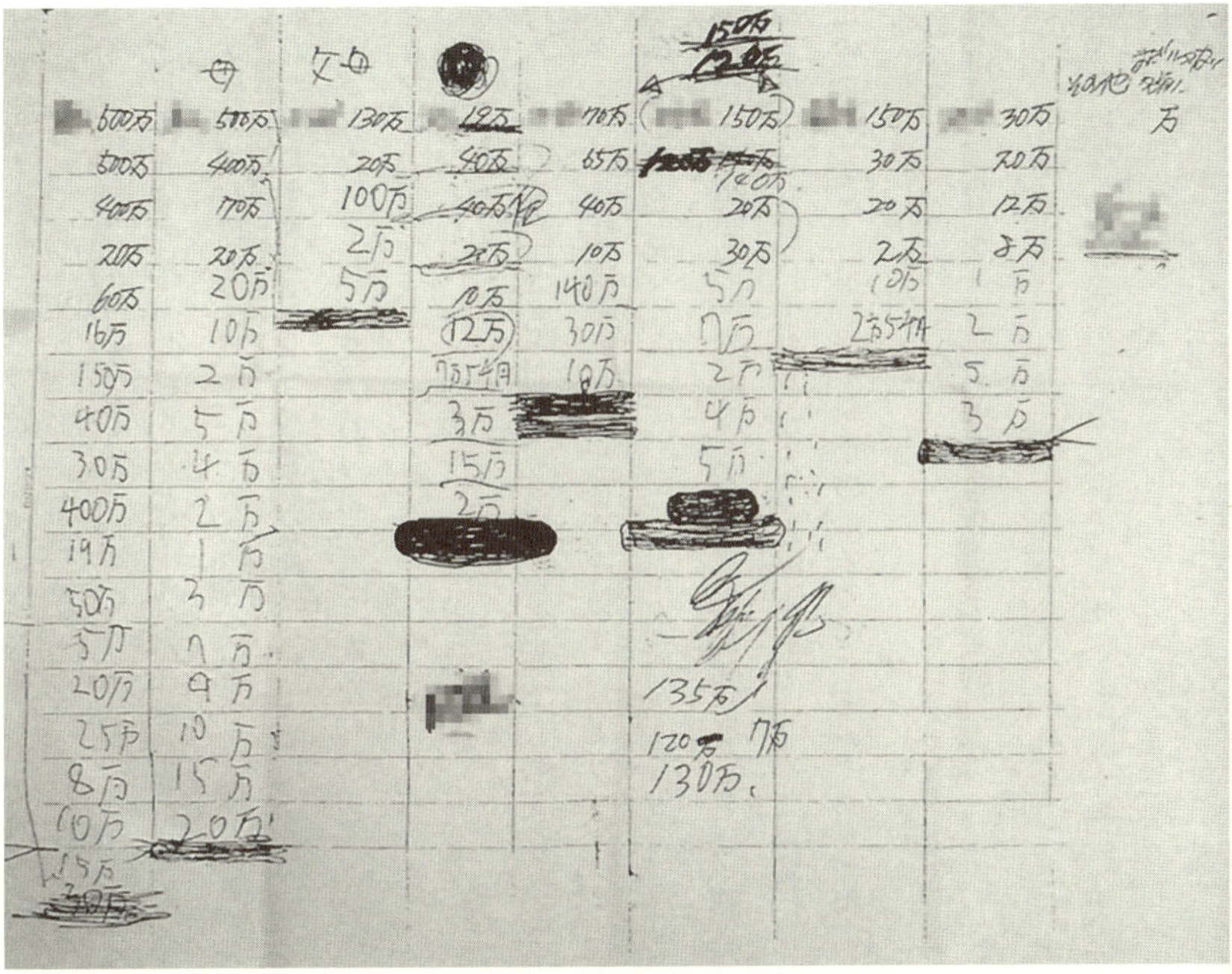

被害少年が恐喝された金額を克明に記したメモ

いし。だから、ある程度の人数で『こっちにも味方はいるぞ』というところを見せておかなくちゃいけないと思うんです。お母さんと息子さんと一緒に、ぼくが相手の自宅に行くときには、一緒に知り合いも連れていこうと思ってます。いいですか」

母親は「すべてお任せします」と答えた。

日置から「相手んちに一緒に行けるか」と聞かれた少年はいつもよりも少しきりっとした顔で、こくりとうなずいた。

そのころ、加害少年たちの間では日置らの話でもちきりになっていた。「やばいことになった。ヤクザがグッチ（タレントのグッチ裕三に似ていることからついた被害少年のニックネーム）について、反撃に出てくるらしい」。すでに主犯少年らは金の匂いをかぎつけた年上のチンピラから二重恐喝を受けていたため、新たな『外敵』の出現にパニック状態に陥っていた。郊外の健康センターの公衆浴場で、一緒に湯船につかりながら「グッチを自殺に見せかけて殺さないといかんかな」などと冗談まじりに話し合っていたのはこの頃だった。

三月初旬、日置は母子と何軒かの加害者宅を回った。日置の知り合いというコワモテの男も一緒だった。相手の家族に話すときは、「組長の息子」ということは一切伏せていくつもりだったが、ふだん乗っている外車が閑静な住宅街で目立ってしまうのは仕方がなかった。

どこの親も突然の来訪者に戸惑った。息子がしでかしたことにまったく気づいていなかった。ほとんどの親たちが、被害少年に「本当なの」と問い返した。「三百万円って、ぼく実際にどのくらいの札束になるのかわかるの?」と疑いの眼で聞く親もいた。少年は、日置にしたように、右手の親指と人差し指で、札束の幅を示した。日置たちには、あきらかに不審の目が向けられた。「あなた方は、いったいどういう立場の方ですか」と問い返された。

母親に対しては「どうしてそんな額になるまで」という疑問も向けられた。母親は「息子が『払わないと殴られる』と言って家の中で暴れたんです。だから……」と黙った。代わって日置が「世の中にはあなたがたのような人ばかりじゃない。こういう人たちもいるんです」と答えた。

しかし、ほとんどの親は「弁護士に相談する」と言って交渉を拒むなど、日置が期待するような返答はなかなか得られなかった。交渉がうまく運ばず、いらだった日置の口からは脅し文句すれすれの荒っぽい言葉も飛び出すようになった。焦れば焦るほど、地が出てしまい、当初の被害親子のお金を取り返すための善意の「代理人」が「取り立て屋」と化し、さらには脅迫の一歩手前まで行きかけていた。

結局、直接数百万円単位の金額を母子に返しに来た加害者側の親は一、二で、あとは日置の仲介を不審に思い、警察に届けたりした。それと、情報がどこからか流れたのだろう、金のにおいを嗅ぎつけた悪い連中が日置に接触してくるという嫌な事態も起き始めてもいた。井上に相談もせずに始めたことは、裏の世界の生き方しかできない日置に似つかわしく、迷走しはじめた。日置は、限界を感じ始めていた。脅し取られた金の一部が戻ってきたことで、親子の胸には希望が湧いてきている。「潮時か……」。もはや手を引くタイミングを考えるしかなかった。

「ぼくの力ではここまでが限界です。以前、世話になった刑事がいるので、相談してみます」

それから数日後の三月十四日、少年は母親に付き添われて名古屋・中署に被害を届け出た。もう隠すことは何もなかった。そして、約三週間の捜査を経て、世間を驚愕させた中学生による五千万円恐喝事件が明るみに出た。

第2章「混乱」

被害少年が暴行を受けた現場

逮捕

「恐喝の中学生を三人パクったらしい」

四月五日午後五時半。愛知県警本部を担当している有賀信彦記者から中署担当の清水俊郎記者への情報が、五千万円恐喝事件の取材の始まりだった。

清水は宿直明けだった。中署の記者クラブのソファに横たわり、携帯電話で有賀の声をぼんやりと聞いた。

「それがさあ……被害額が五千万円だって」

どこの世界に五千万円も払える中学生が？　清水は思わず周囲を見渡した。しかし、他社の記者がのんびりと原稿を打っているだけだった。

「すぐウラをとって」

そのまま電話を切られた。どうやら「本当」らしい。

すぐに他社の記者も気づくだろう。できるだけ、さりげなくソファから起きあがる。まず、どこの学校か、それから被害少年と加害少年の名前と住所を割り出す。恐喝した金の使い道も調べなければならない。少しでも早く事件の概要を知ろうと、手当たり次第に署の幹部にあたった。

「すごい恐喝をつかまえたんですって？」。清水に問いかけられた幹部の一人は、鋭い視線で清水を見返した後「おう、まあな。もうすぐ発表だわ」とはぐらかした。「学校名ぐらい教えてよ」。清水がその幹部の脇腹をつついた。いつもは気さくな彼も、この日は違った。「それは言わんよ。発表でも出さんだろう」とぶっきらぼうに答えるだけだった。

警察側は、少年法の配慮から逮捕された少年の特定を避けるため、時には必要以上に周辺情報を伏せようとする。簡単には言わないというのも当然だった。

清水は小声で「パクったのは三人だって?」と聞いた。

「逮捕はな。でも、もっとおるぞ」と、その幹部はよそ見をしながらつぶやいた。

「倍以上?」。それには答えず、黙っていた。

清水は漠然と十人近くになるのか、と想像した。別のところで、学校名を確認した清水はすぐに県警本部の有賀に連絡した。あとは、会見を待つしかなかった。

午後八時。中署の記者クラブに新聞社とテレビ局の記者十数人が詰めかけ、レクチャーが始まった。金田仁生副署長が広報文を読み上げた。

「不良グループによる傷害、恐喝事案の検挙についてです。中署と緑署は県警本部少年課の応援を得て、不良グループによる恐喝及び集団リンチ事件を捜査していましたが、本日、このグループのメンバー三人を逮捕しました。逮捕したのは名古屋市緑区在住の無職A少年と……」

容疑事実は三つだった。

（一）今年（二〇〇〇年）一月、当時、緑区の中学校（扇台中）の三年生だった主犯格の無職A少年と名古屋市中区の中学校の三年生だった無職C少年の二人が、A少年の同級生だった被害少年から三百万円と百万円ずつを恐喝。
（二）A少年の同級生だった無職B少年が、自分たちの暴行でけがをして入院していた被害少年の病室に押しかけ五百万円を恐喝。
（三）今年二月、三人で共謀して粘着テープを被害少年の全身に巻き、動けないようにして暴行。

最低限の事実関係しか載っていない広報文に、金田副署長が付け加えた。

「逮捕した三人を含めて被疑少年は十数人。今後、捜査して順次、捕まえていく方針です。同じ中学校の同級生ばかりでなく、ほかの学校の不良や、学年が上の少年もいたようです。被害総額は約五千万円。回数は七十回から八十回……」

テレビ局の記者は、午後九時前のニュースまで、あと三十分余。新聞記者は、長野県や福井県など名古屋からみた遠隔地に届ける「早版」の締め切りまで、あと一時間余。いずれも時間がない。レクチャーを聞きながら、ノートパソコンで原稿を打ち始めている記者もいる。

ひっきりなしに携帯電話とポケベルの呼び出し音が鳴り響く中、質疑応答が始まった。

「そんな大金、加害少年たちはどうやって使ってたんですか？」

「恐喝した金はどれぐらい残ってるんですか？」

「ゲームセンターやレストラン、どうもヘルス（風俗店）にも出入りしてたみたいですね。それからタクシー代。金はほとんど残ってないみたいです」

別の幹部が真顔で補足した。

「皆さん（報道陣）並みにタクシーを使っていたようです」

「被害少年は、どうやってそんな大金を用意したんですか？」

「初めのうちはお年玉などを貯めた自分の預金をおろし、それがなくなると母親に金を出してもらって加害少年たちに渡していました。被害少年の家庭は三年前の五月に父親が亡くなり、生命保険金などでかなりの現金がありました」

「なぜ、母親はそんなに大金を出してしまったんですか？」

「『金を渡さないと加害少年たちに殴られる』と被害少年が家の中でかなり暴れたようですね。母親の足を蹴ったり、胸ぐらをつかんだり……」

署の幹部は続けた。「ただし、被害少年の母親は『息子が怖かったからではなく、息子が学校で殴られたり蹴られたりするのがたまらなかったから』と話しています。息子かわいさのあまり金を出してしまったそうです。追いつめられた心境だったんでしょうね」

被害少年は、三月七日の卒業式には出席せず、卒業式後の三月十四日、母親とともに中署を訪れて被害届を出し、被害の全てをうち明けていた。

少年は淡々とした口調で話し始め、すぐに五千万円を恐喝されていたことを告白したという。暴行を受けたことや加害少年グループの名前も次々に明かした。応対した生活安全課の署員は、「あまりに大きな金額なのでびっくりした。調べてみると本当だった」と語った。

これより八カ月半前の九九年七月一日に、少年と母親は緑署を訪れていた。被害少年が不登校になる直前のことだった。母親は、金融機関からの電話で無断で少年が預金を引き出していたことを知ったと説明し、「息子は何も言わない。もしかしたら同級生からいじめられているのでは」と相談をしていた。しかし、少年が真実を語らず「被害届が出されなかった」ことなどを理由に緑署では捜査を見合わせていた。その後母親からは一度も連絡はなかったという。

五千万円――。平均的サラリーマンの年収の約十年分にあたる金額である。半年以上にわたって青あざが耐えず、入院するほどの暴行を受けながら、被害者母子がだれかに助けを求めるすべはなかったのか？　加害少年の親たちはわが子の生活の変化に気づかなかったのか？　学校は？　そもそも加害少年と被害少年はどんな気持ちだったのか？

いくつも疑問は残った。まだ捕まっていない加害少年が十人以上いる。清水は取材が長丁場になると覚悟した。

職員室の動揺

中署で発表前の断片情報を清水が署の幹部から探っていたころ、夕食をかねていったん市内の自宅に戻り、夕刊を読んでいた緑署回りの記者・加藤美喜の携帯電話が鳴った。県警本部担当の有賀からだった。「緑区の中学校で恐喝があったんだ」。有賀の第一声に「はあ」と生返事をしていた加藤は、その後に続いた「恐喝した金額が五千万円なんだけど」という言葉に「えーっ」と思わず大声をあげた。五千万円なんて、そんな大金のある家がどこにあるのか。よっぽどの金持ちの家かな、ぐらいのことしか思い浮かばなかった。しかし、すぐに事件の舞台となった中学校へ事実確認に向かわなくてはならない、という重い責任がのしかかってきたことに気づき、我に返った。「扇台中学校」——清水が割り出した学校名が、有賀から加藤に伝えられた。

過去の経験から、こういう問題を抱えた学校で、取材がすんなり運ぶとは思えなかった。門前払いの可能性も多分にある。遅い時間で、だれも残っていないケースも考えられた。すぐにタクシーを呼び、飛び乗った車内から社会部へ電話を入れた。たまたま出た先輩記者に「扇台中の校長の住所と電話番号を調べてください」と理由も告げずに頼んでいた。もしも、学校でらちがあかない場合は、校長の自宅を訪ねるしかない。そう考えた。

やりにくい取材になるだろうな、と予想しながら「はい、そうですか」と簡単には絶対に引き下がれないということの重大性にも気づいていた。

タクシーが中学校に着くと、まだ他の新聞社はどこにもいなかった。応対に出た箕浦隆《みのうらたかし》教頭は「まだ、こっちも何もわからないんで、来てもらっても困る。お帰りください」と案の定、ていよく追い払おうとするような対応だった。職員室の入り口あたりに立ったまま、加藤はその場を譲らず「校長先生はみえるのですか」と、しぶとく食い下がった。その様子にあきらめたのか、教頭の指示を受けた男性教師が「とりあえず、こちらへどうぞ」と言って、少し離れた会議室へ加藤を案内した。

「そんなに大きな事件だった?」

「やばい事件だと思うけどさあ……」

会議室に通される途中、男性教師二人が小声でひそひそと話している声が耳に入った。「こちらでお待ちください」。十分、二十分……一人残された会議室で、刻々と時間が過ぎた。このまま黙って待っているべきか、それとも、もう一度衝突覚悟で職員室へ入ろうか。さまざまな善後策を思いめぐらしていた時、他社の記者が一人、また一人と同じように会議室に通されてきた。計六社で十人ぐらいになった。会議室で応対したのは箕浦教頭だった。

「事件は、マスコミからの問い合わせで知りました。こちらから警察に問い合わせても扇台中の生徒かどうか教えてくれないんです。生徒から恐喝の相談は一年間でいくつかあり、どれだかもわからない」

事件の舞台となった名古屋市立扇台中学校

所轄の警察署と常日頃から連携ができていれば、事件が発覚した直後の取材で、こんなコメントが返ってくることはまずありえない。箕浦教頭の事件に対する第一声は、その後の学校側の会見での混乱や取材の難航を予感させた。

記者の一人が質問した。

「警察の発表では昨年六月に被害生徒が学校に相談しているそうだが、その時期にはどうか?」

箕浦教頭は「ちょっと調べてきます」と言って、いったん会議室を出た後、しばらくして戻ってきた。週一回開かれているという生徒指導係の連絡会(各学年生徒指導係、教務主任、養護教諭ら十人で構成)が記録している資料を確認しながらの応対となった。

「昨年の一学期の六月終わりから七月初めにかけて、三年生の男子に恐喝された生徒がいる。学校に相談に来てますね。その時は、学校から緑署へきちんと相談に行くように言った。緑署にも今から相談に行くのでよろしくという電話を学校から入れてます。相談には母親と生徒の二人で行っていますが、どうも被害届は出ていないようだった。生徒はもじもじしたタイプ。脅された、というニュアンスで、金を取られたことを言っていた。相手は同級生と他校の生徒ら複数。特定はできない。はっきりと名前を言わなかったので……。警察からもその後、何の連絡もなかった」

そこまで話した後、箕浦教頭は困惑したように「実は、あさっては入学式。明日から新学期なんです。なにしろバタバタしてましてて」と申し訳なさそうに言い添えた。

「ただ、この生徒の話は、今の事件の被害者と同一人物だとしたら、という前提で話している。

私たちは、実際のところまだ被害にあったという生徒がだれかを確認できていないんです」

しかし、ここから先の質疑で、中署が発表の中でにおわせた被害者の人物像と、この生徒とが同じ人物と思われる事実が教頭の言葉から明らかになっていく。

記者「被害にあった生徒は入院もしているそうだが……」

教頭「この生徒は一月か二月ごろ、学校外でのけがが原因で入院した。それが恐喝やいじめによるものかどうか、原因は具体的に把握していない。学校側も一週間か十日たってから入院していることを知った。学校外のことだし、今回と関係があるのかどうかわからない……」

記者「その生徒は、修学旅行はどうだったのか？」

教頭「修学旅行は六月一、二、三の三日間、長野の車山高原方面へ行った。この生徒は参加しています。その後、不登校がちになった。いずれにしても、警察から聞いていない。教えてくれない。今の段階では確認できない。もし、本校の生徒であれば非常に残念なことですが……」

記者「昨年度の生徒数は？」

教頭「千三人。市内で一番大きいです」

こうしたやりとりの途中、報道陣が「校長に直接話を聞きたいが」と何度も頼んだが、学校側は「連絡がつかない」と繰り返した。終わり際になって「実は、ちらっと顔を見せたが、またいなくなった」とはっきりしない。「やっぱりいたのか、逃げ腰だな」という印象だった。そうは言っても、明日までには学校側もきちんと調べ、会見である程度の内容はわかるだろうと思った。加藤は、タクシーの中でパソコンに原稿を打ち込み、教頭の曖昧な話の内容を朝刊用の原稿として送った。

「話すことは何もありません」

中署での発表を記事にして、デスクに送った清水は名古屋城に近い本社にあがり、原稿の最終チェック、刷り上がった新聞の見出しの確認などに追われた。一面のトップニュースは、突然の病に倒れた小渕恵三前首相の後を継いだ「森内閣発足」で、社会面も新内閣に対する市民の声や、森喜朗首相の横顔などで埋まっていた。社会面には、二十三年ぶりに噴火した北海道・有珠山から温泉街に流れ込む泥流を写したヘリコプターからの写真が大きく載せられていた。五千万円事件は、一面の中ほどに「十五歳　五千万円恐喝」と四段見出しが掲げられ、社会面には左肩に「暴行重ね奪い尽くす」と見出しの付いた記事が五段で載っていた。すべての作業が終わった時にはすでに日付が変わった六日、午前三時を回っていた。

社から車で十分程度の自宅に戻って、二時間程度の仮眠をとった後、再びタクシーに乗った。前夜、県警本部担当グループとの打ち合わせで、清水は被害者の少年と母親から話を聞くことになっていた。

五千万円という途方もない恐喝額と果てしない暴行。歯止めがきかなかったこの事件の背景には少年たちのどんな問題が潜んでいるのか。それを解き明かすためには、まず被害者側の話を聞くしかない。だが、前夜の発表では被害者名が明らかにされていない。

「とりあえず、緑区の扇台中学校の方に向かってください」

タクシーの運転手にそう言った後、清水は携帯電話を取りだし、そらんじている捜査員の電話番号を押した。こんな時間だというのに、相手はすぐに出た。

「すみません、朝早く」

「おう、おはようさん。それにしても、こんな早くからあんたも大変やな。まあ、こっちもそろそろ出かける準備に入るところやけど」

「そっちこそ、ご苦労さんです。事件が大きいだけにしばらく大変ですね」

適当にあいさつを済ませた清水は「ところで、お願いがあるんだけど……」とすぐに本題に入った。

「実は、まだ被害者の自宅が割れてないんですわ。学区内で片っ端から聞き込んでる時間もないし、何とかしてもらえないですか」

こんな早朝に清水からかかってくる電話は、いつも「無理は承知の上」ということを相手もわかっている。（仕方がねえな……）と胸の中ではつぶやいていることだろう。電話の向こうで、がさごそとかばんの中の資料をさばく音が聞こえ、しばらくして「いいか、言うぞ」という返事が返ってきた。

教えてもらった住所をもとに、車の中で住宅地図と突き合わせ、目的地の番地を目指した。しかし、言われた番地の住所は存在しなかった。教えてくれた相手が資料の数字を読み間違えたのか、清水の聞き違いだろう。止めたタクシーの中で「さあ、困ったぞ」と考え込んだ清水の目に、シャッターを開けた鉄工所が目に入った。

「さあ、そんな名前の家はこのあたりでは知らんけど」

飛び込んだ鉄工所で、従業員とみられる男性が答えた。「そうですか」。その時、清水は事務所内の壁に張ってある、この近隣の住宅地図に気づいた。一軒だけ被害者と同じ名字の家があった。お礼もそこそこに、タクシーを向かわせた。

ピンポーン。

呼び鈴を押したが返事がない。

「あの、中日新聞の記者ですが」

そう話すと、初めて女性の声で応答があった。

「何のご用でしょうか」

本当に被害者の自宅なのか、どうかはわからない。清水はあてずっぽうで続けた。

「今朝の新聞に載っている恐喝事件の被害にあわれたと聞いたものですから。その時の状況などを、もしお聞かせいただければと思ってお邪魔したんですが」

少し間を置いた後、女性は「話すことは何もありません」と答えた。そして、「何であんなに大きく一面なんかに出したんですか」と、とがめるように言った。やはり、被害者の自宅だった。女性は少年の母親らしい。

「いえ、五千万円というちょっと信じられない数字ですし、私も自分の娘がもし同じような被害に遭ったらと考えたら、やっぱり加害者の親にも学校にもいろいろ言いたいことがある、と思うんです」

そこで一呼吸おいた。「無理にとは言いませんが、そういう話をうかがえればと思って来ました」。インターホンからの返事を待った。

しかし、母親は「何も言いたくありません。ほっといてください」と答え、独り言のように「あんなに大きく出して……」とつぶやいた。

かたくなな反応だった。ここでインターホンを切られたら、事件の背景や核心に迫るどころではない。強引に質問を続けた。

「息子さんは元気ですか？」

「今は元気です」

「本当にひどい話ですよね」

「本当にひどい話です」

清水の問いかけに、オウム返しに応じた母親の返事が、直接本人から確認できた唯一の本音になった。母親は「警察にすべてお話ししてあるので」と事件についての質問をそれ以上は受けつけなかった。清水も、これ以上聞き出すことをあきらめたが、報道の大きさに驚き、戸惑っている母親が少し心配になってきた。

「お母さんは驚くかも知れないけれど、これからテレビカメラが、この家に殺到しますよ。だから と言って、無理に話す必要はないけれど、それだけは覚悟しておいた方がいいかも知れません」

母親は「本当にマスコミが来るんですか？」と少し驚いたように聞き返した。

「来ます。ワイドショーも来るでしょう。大変だと思います」

少し間があって、母親は「わかりました。じゃあ違うところに行きます」と答えた。

インターホン越しの会話は、五分程度で終わった。

「もし、何か訴えたいことがあれば、名刺を置いておきますので連絡をください」

清水が言い終わった後、インターホンは切れた。

少し離れた所に止めたタクシーに戻りかけた時、被害者の自宅から二十メートルほど離れたところに止まっている他社のハイヤーが目に止まった。乗っているのは顔見知りの女性記者だった。清水が窓ガラスをコンコンとたたくと、窓が開いた。

「あのさ、とりあえず、車をもっと離せよ。今（被害者を）知っているのは、どうやらうちとお前のところだけだ。どうせ、そのうちわかってしまうとは思うけど」

清水が言わんとすることを彼女もすぐに理解し、ハイヤーを発進させた。
二、三分して歩いて戻って来た彼女と、しばらく話していると、被害者宅から先ほどインタホンで応答したと思われる母親らしい女性が出てきた。二人の記者の目は彼女に釘づけになった。母親は、ごみ収集所に向かった。途中、目の前を通り過ぎる母親に、清水が「〇〇さん」と声をかけたが、母親は見向きもせずに通り過ぎた。ごみ袋を置いた後、小走りで自宅に戻った母親は、バタンと玄関を閉めた。

しばらくして、被害者宅から数軒先の主婦が自宅から出てきた。すでに事件のことを報道で知っていた主婦は「実は心配していたんです」と話し始めた。

昨年の秋ごろから、茶髪の中学生が被害者宅の前にたむろしている姿をしばしば見かけ、被害者の少年も時折一緒に道路に座り込んで話していたという。「被害者の子は、おとなしい子だったので……。いじめられていなければいいな、と思ってました。やっぱり、という感じです」と主婦は残念そうに話した。

タクシー運転手の証言

この朝、静かな住宅地に立つ扇台中学校は穏やかな春の日差しに包まれ、その天気のように晴れがましい新学年の始業式を迎えるはずだった。

が、学校周辺に乗り付けた報道陣の黒塗りタクシーの列と、険しい顔つきで走り回る教師の姿は、この中学校が一晩にして全国から注目を集める事件の舞台となったことを告げていた。

五千万円もの大金を同級生から脅し取ったとして少年三人が逮捕された前夜、池田千晶記者は泊まり勤務だった。

「悪いけど、朝二人で現場に行ってもらえないかな」

あわただしく朝刊作業を終えた午前二時半、朝刊担当のデスクからこう言われた。

その日の泊まりは、池田と中村警察署回りの後藤隆行記者だった。

池田の本来の持ち場は名古屋市役所だ。朝一番で教育委員会の対応などを取材するつもりだった。

「朝現場に入るのは署回りの二人だけなんだ。今から遊軍の記者に連絡するのはちょっと……。申し訳ないが、頼んだ」

事件発覚以降、次々と出される原稿を読んだり、現場の記者に指示を飛ばしたりしていたデスクに、次の日の夕刊取材体制を考える余裕などなかったにちがいない。

午前四時半ごろまで紙面の反省や、その日の夕刊の段取りなどについて話し合い、午前七時すぎ、池田と後藤はタクシーで扇台中学校に向かった。

一時間半ほどの仮眠を取っただけの目に、朝の光が突き刺さる。「よりによってこんな日が始業式とは」。始業式にはもってこいの青空を見上げ、動揺している生徒に話を聞かなければならない心苦しさから、記者二人はそんなことを言い合った。一方で、中学生が同級生から五千万円を脅し取るというとてつもない事件の現場に向かうという緊張を感じていた。

午前八時前、池田と後藤は手分けして登校してくる生徒たちへの取材を始めた。現場には、すでに被害者宅の取材を終えた清水と加藤が、まもなく始まる校長の記者会見を取材するため、到着していた。

校門付近では、数人ほどの報道関係者が取材に入っており、校門の前に仁王立ちする教員が険しい視線を送っている。池田は、学校から少し離れたところで生徒たちに声をかけた。

被害者と加害者の少年の両方を知っているという中三男子は、「最初のうちは、おれたちから見たら仲良くしているようだった。中の関係ではそうでもなかったのかな。（被害者の少年が）金をいっぱい持っているという話はよく聞いた」と語った。

別の一人は「お母さんが先生に訴えたのも知っている。あまり学校に来ない生徒に対しては、先生もどうでもいいって感じ」と冷めた表情を見せた。

別の中三女子と男子のグループは、主犯格の少年について「栄（名古屋の繁華街）で遊んでいる時よく顔を見かけた。面倒見がよくて、優しい、いい先輩で、恐喝していたなんて話は知らなかった」。

中三女子の一人は「学校や警察が悪い。もっとしっかり対応してくれていればこんなことにはならなかった」と悔しそうに話した。「同じ学校としてすごいショック。お母さんに、こんなことがあったらすぐ相談しなさいと言われた」と話す女子生徒もいた。

生徒たちがみな校内に入ってしまい、取材が一段落すると、池田はタクシーを呼んだ。

現場での取材を早く終えて本来の持ち場の市役所に戻り、市教委の対応などを取材しなければならない。生徒たちから取材した原稿は、車中で書くつもりだった。

ほどなくやってきたタクシーに乗り込み、その場で携帯パソコンをたたき始めた池田に、運転手が遠慮がちに声をかけてきた。

「記者さん、捕まったのってAとBでしょ」

そのとき、池田はまだ、逮捕された少年の名前を知らなかった。被害にあった少年の名前は、登校してきた生徒たちの口から聞き出していたものの、加害少年の名前までは聞き出せずにいたのだ。

「どうして運転手さん知っているの」

「そりゃあ、何回も乗せたからね」

そうだった。加害少年たちは、脅し取った金でゲームセンターに行ったりタクシーを乗り回していた……池田は前夜、清水から聞いた話を思い出した。

パソコン画面を見つめていた池田の目は、運転手に釘づけになった。

その口から飛び出てくる話は、眠気がいっぺんに吹き飛ぶような内容だった。逮捕された直後で、詳しいことが何ひとつわからず、すがりつきたいぐらいほしい情報だった。話の一つひとつが驚きの連続で、胸がきりきりするような興奮を抑えながら聞き入った。

加害少年たちは、緑区近辺を走るこのタクシー会社の運転手の間では有名な存在だった。少年たちを一度も乗せたことがない運転手はいないぐらい、という。

「あいつら一体なんであんなに金を持っているんだろう」

仲間うちでよく話題になった。

「自宅の様子から想像して、そんなに金持ちには見えない」

「かつあげにしては羽振りがよすぎる」

「ひったくりでもしているんじゃないか」

少年たちの言動に、皆、犯罪のにおいを感じていた。

ただ、この運転手のタクシーの中で、恐喝や、それをほのめかすような内容を口にすることはなかった。人気のない公園で降ろしたことがあり、こんなところで何をするのかと不思議に思ったことはあった。

「今思えば、あそこで恐喝をしていたんでしょうか」

一週間ほど前から、ぱたっと呼び出しがなくなった。

「ついにパクられたかと話していたところだったんですわ」


ここまで一気に聞いたところで、ふと夕刊の締め切り時間が気になり始めた。早版の締め切りは午前十一時二十分。いったん話をさえぎり、ひとまず生徒たちから聞いた話と登校風景を本社に送稿した。と同時に、たまたま呼んだタクシーの運転手さんから詳しい話が聞けそうだということを、本社で原稿を受ける夕刊担当デスクに連絡した。

「よし、社会面で大きくいこう。しばらくそこで取材を続けろ」

池田は、再び運転手に話の続きを促した。

ボス格だったA少年。そしてナンバー2のB少年。それ以外に、四人の少年少女の名前が挙げられた。

四カ月ほど前からか、毎日のように深夜、お呼びがかかった。ある時はコンビニエンスストアへ。ある時は自宅へ。行き先は、緑区内のボウリング場やパチンコ店、ゲームセンター、そして焼き肉屋。たまには、名古屋市内一番の繁華街である中区栄へ向けることもあった。

Aは、おもしろおかしく話をし、人を引きつける遊び人、と運転手の目には映った。不良には違いないが、筋金入りのワルには見えない。その理由は、少年たちがときどき見せる子どもっぽい一面だった。

深夜、好きな女の子の家の前まで行き、外から大きな声で彼女の名前を叫ぶのを見たとき、「大人びたことばかり言っていても、かわいいところがあるな」と思ったという。

ただ、大金を持ち歩いていることに対する不安と不審は常につきまとっていた。

Bが、タクシーに財布を忘れていったことがあった。中を見たわけではないが、とても分厚いのが印象に残った。

またある晩、Aが二十万円はあろうかという札束を取り出すのがバックミラー越しに見えた。

「これでファッションマッサージに行くぞ」

そう言って同乗の少年たちに分配し、気勢を上げた。しかし、目的地に近づくうちにトーンダウンし、結局は個室ビデオ屋に入っていったという。

「日曜日とか、お客が少なくてひまな時でも、少年たちが呼んでくれたので助かった」

運転手にとって、少年たちは間違いなく上客だった。

池田と合流した清水は、タクシーの運転手からもたらされた情報を伝え聞くと目を輝かせた。が、一瞬のち、顔をしかめた。

「こんなにみんなが知っているのに、どうして自分たち記者が、逮捕前に事実をつかめなかったんだろう」

被害額が五千万円という前代未聞の数字になったのは、恐喝が長期化し、エスカレートしていったからにほかならない。事件をうかがわせるサインは、こんなにもたくさんあったのに。学校や、地域や、保護者たちと同様、新聞記者もまた、悔しい思いでこの事件を受け止めざるを得なかった。

中日新聞の記者は、少年たちが利用していたのと同じ会社のタクシーを取材の足としてよく使っている。事件発覚後、この基地に詰める運転手に当たるたび取材記者たちは、少年たちのことを尋ねた。

「何回か乗せたことがあるよ」

こう答える運転手は、確かに多かった。そして、必ずこうつけ加えた。

「でも、お金を払ってくれる以上お客さんだからね」

親は何も知らなかった

「話さなければいけないんでしょうか」

加害少年の母親にじっと見つめられて、後藤と吉枝道生記者は一瞬たじろいだ。が、すぐに答えた。

「もちろん、話さなくてもいいです。でも、これだけの事件が起きてしまって、今の中学生のいる場所がどうなっているのか、知りたいんです。ぼくらには、よくわからないんです」

二人の目に母親は迷っているように見えた。「こんなことがあるなんて、聞いていましたか」。母親の視線が宙をさまよい、また記者に戻った。そして「息子が突然言い出すまで、知らなかったんです」と、か細い声でつぶやいた。

「加害者グループの少年の家を回ってほしい。家族の話を取ってきてくれ」

デスクから指示を受け、後藤と港署回りの吉枝が扇台中学校の前に待ち合わせたのは、六日の夕刻。

「地元のタクシーの運転手さんが、少年たちを何度も乗せたことがあって、家を知っているというんです」

後藤があとから来た吉枝に説明する。運転手に聞くと、グループのうち五人の家がわかるという。二人は、まずはそのタクシーに乗せてもらって住所を確認しながら五軒を回り、取材をすることにした。

「その家だよ」。運転手に教えられた一軒目。離れた場所に車を止めて住宅街を歩いていく。何度かチャイムを鳴らすが、返答はない。後藤が地図に印を入れる。二軒目も同じ。応答はない。三軒目。ドアのすき間から母親と話をすることができたが「何もわかりません」「何も知りません」の一点張りだった。目の前でバタンとドアが閉じられた。

四軒目では、インターホンごしに「お話できるような状況ではありません」と小さく声が聞こえ、その後は何度鳴らしても応答がなかった。「あとでもう一度行くとして、先に次へ回ろう」。二人は、最後の一軒に向かった。ここも留守なら、二手に分かれて、家族に会えるまで取材を続けることになる。

夕闇が迫っていた。「あの家だ」。そう教えられた家を見ると、ちょうど両親らしい二人が門から中へ入っていくところだった。吉枝と後藤はあわてて離れた所に止めた車から走り出し、家の中に入ろうとしていた二人に声をかけた。

二人は玄関前で立ち止まり、いぶかしげな表情を向けた。二人の記者が自己紹介し、事件の話を切り出す。「どうして、こういう事件が起こってしまったのか――」。周囲の人の話を聞いて回っているんです」。記者が話をしていると、父親は手をかけていたドアを開け、黙ったまま家の中に消えてしまった。買い物袋を持ったままの母親が残された。

硬い表情で記者の話を聞いていた母親は逆に質問してきた。「話さなければいけないんでしょうか」と。そして、ぽつりぽつりと質問に答え始めた。

記者二人が門の前に立ち、門の内側の一段高いところにいる母親と対峙していた。一戸建ての家が建ち並ぶ住宅街の一角。ほかに人影はなく、静かな夕方だった。

話す母親を前に、メモを取ることはできなかった。二人は、会話を記憶に刻み込みながら、少しずつ少しずつ質問を進めていった。

三月上旬に初めて、息子から告白を受けた。

「それまでは、知らなかったんですか」

「まったく知らなかったんです」

「夫婦とも、ショックでした。親の責任を思うと、つらかったし、悲しかった」。そうつぶやく母親は「相手側からみたら『何いっているんだ』と思われるかもしれませんが……」と消え入るような声で、つけ加えた。

「彼にはなんと……」

「『○○君（被害者）の気持ちを考えてみなさい。どんなに怖い思いをしていたか』と言ったら『わかった』と答えて」

「それで?」

名古屋市緑区扇台中学校近辺の住宅街

「警察に行ったんです」

「警察に行ったんですか。その時」

「ええ。お金も返しに行きました」

「えっ。お金は返したんですか！」

吉枝と後藤は金額を聞いたが、母親はなかなか答えなかった。

「何十万という単位ですか」

「いえ、もう少し……」

「何百万円ですか」

「ええ、向こうと息子とでは言う金額は違うんですが」

それ以上は口をつぐんだままだった。

「それまで何か、気になることはなかったですか。すごくお金を使っていたとか」

「心配はしていました」

「例えば？」

「知らない服があったり……」

「高そうな服ですか」

「いや、そんなことはないんですが」

「タクシーに乗って帰ってきたので聞いたことがありました。すると、友だちと一緒で、ワリカンだから安いというようなことを言いまして……でも、外での行動はわからなかった」

「でも、夜遅く帰ってきたりしてたんですよね」

「ええ、でも何をしているのかはよくわからなかった」

「息子さんとは、あまり会話はなかったですか。親子の関係が遠くなりがちだったとか」

そう聞くと「いいえ、うちは子どもとは話をする方だと思っていたんです」と答えた。二人には意外な答えだった。

母親は次第に涙声になり、目は真っ赤にはれていた。

「息子さんが恐喝するなんて考えられなかった?」

「でも、息子は暴行には加わっていないと言うんです」

母親はきっぱりと言った。

「そんな脅しをするようなタイプではないと思うんです」

「でも、お金を取ったということは……」

「脅したんじゃないと息子は言ってました。こちら側の話だけなんですが、推測ですけど、たぶん簡単に取れるという話を聞いてやったんじゃないかと。『貸してくれない?』とか、そういう言い方だと思うんです」

息子を信じる母親の言葉をどう受け止めればいいか、吉枝も後藤もわからなかった。

「一度は、だれかが暴行をしようとしたのを止めて、お金をもらったって。助けたお礼にもらったらしいんです」

息子が両親に真実を告げているのか、そうでないのか、わからなかった。母親が息子の言葉を信じ続けることは理解できる。これまでさまざまな取材で会った多くの母親たちも、そうだった。子どもの親への告白は、真実のときもあればそうでないときもあった。

「暴行はしていないんです」。そう訴える母親の言葉に、そのときはうなずくしかなかった。執拗に恐喝を重ねられていた少年にとっては恐怖は同じではないか、との思いも持ちながら。

「夫婦とも働いていたので、息子を十分みてやれなかったことが大きかったのかなと、いろいろ考えました」。夕闇に包まれ始めた玄関先で、母親の言葉はどんどん途切れがちになり、涙で震えている。「家族で話はしましたか」「ええ、きちんと受けるべき処分は受ける、という話はしました」。

玄関先の取材は、すでに三十分を超えていた。

「ありがとうございました」。二人は渡しそびれていた名刺を出し、もう一度、取材の趣旨を説明した。事件の背景を知りたいこと、彼らを取り巻く環境がどうなっているのかを取材したいこと。母親は、黙ってうなずき、静かに背を向けて玄関の向こうに消えた。

二人は車に戻り、無言で会話の内容をメモにまとめた。吉枝は、真っ暗になった路上のタクシーの中でパソコンに向かった。一方、後藤は、もう一度残りの四人の少年の家を回ることにした。

吉枝が原稿を書き終わるころに、後藤は帰ってきた。「どこも一緒でした。中にいるんじゃないかと思う家もあるんですが……」。結局、その日は家を回る取材はそれで終わりにし、少年たちがよく行っていたという飲食店に向かった。夕食を取り、取材をする、という二つの目的のために。

母親の思いをつづった記事が新聞に載った次の日、吉枝は何度かこの家を訪れ、インターホンを鳴らしたが、家の中はひっそりと静まり返ったままだった。しばらくたたずんでも、人の気配はなかった。

その後、この少年も恐喝の疑いで逮捕された。「脅しをするような子ではない」。そう繰り返した母親は、どんな思いで息子の逮捕を受け止めたのか。新聞記事を見て、二人は母親の言葉を思い出していた。

被害少年の置き手紙

被害少年は、いったいどんな思いで五千万円もの大金を払い続けていたのだろう。ベールの向こうに隠れている少年の「心」を計りかねた。少ない情報の中で、少年の当時の心境を連想させるのは、警察から聞かされた「息子が『払わないと殴られる』と言って暴れる」という母親の証言だけだった。しかし、それは恐喝がかなり激しくなってからのことだ。まだ、恐喝が始まって間もない頃、少年はどんな思いで加害者グループに金を払っていたのか。三年前に父を亡くし、パート勤務の母親（四十一歳）と専門学校生の姉（十七歳）と暮らす被害少年の家庭の中はどうだったのか。「沈黙」という壁によって阻まれていた少年のつらい思いが伝わってきたのは名古屋市児童相談所に残されていた相談記録からだった。

被害少年の母親が児童相談所を訪れていたという事実は、六日の午前中に判明していた。学校で確認した清水から連絡を受けた遊軍の山田伝夫記者がすぐに相談所へ電話を入れた。

「今朝の新聞に出ている恐喝事件の被害者の母親が、昨年七月ごろにそちらへ相談に訪れていたということですが、確認できませんか」

応対した男性職員は「記録をみてみます」と、いったん電話を保留にした後、再び受話器を取って「調べてみたけれど、そういう相談はないですね」と答えた。しかし、三十分以上たってから、再びその職員から社会部に電話が入った。

「先ほどは失礼しました。その方からの相談は七月十五日にありました」

職員は、いったんは否定したことについて「正式な相談という形での記録にファイルされていなかった」と釈明した。母親は訪問していたが、事情を説明しただけで帰り、それっきりになっていた。そのため、単なるメモとしてしか記録されていなかったという。

職員は電話口で、母親が話した内容をメモにあるままに淡々と読み上げた。それによると、母親は七月十五日に来訪し、相談員に面接した。その一週間前、扇台中学校から児童相談所へ「子どもが不登校で困っているお母さんを相談に行かせる。家からお金を四十万円持ち出しているらしい」

という内容の連絡があったという。

母親は相談員に「息子は六月一、二、三日の修学旅行から帰ってから様子がおかしい。学校を休むようになり、七月に入ってからは一日も行ってない」と状況を説明した。そして「学校へ行かなくなっただけでなく、家からお金を持ち出しているようだ」と打ち明け、「姉あてに『九万円借ります。ごめんなさい』という置き手紙が玄関に置いてあった」と話したという。

メモをとっていた山田の手が止まった。

「えっ、置き手紙をしていたんですか。内容をもう一度お願いします」

「『九万円借ります。ごめんなさい』。そう書いてありますね」

相談員がメモの内容を確認するように、はっきり答えた。

恐喝され、暴行を受け、追いつめられて家のお金を持ち出し、母と姉に申し訳ないと自分を責めながらもどうしようもできなかった少年の苦しい胸の内と、書き置きをして金を届けに家を出ていくあわれな後ろ姿が、まざまざと山田の目に浮かんだ。

「そうなんですか」。そう答えて、しばし絶句した。人として、息子として、弟としてのつらい思いが伝わった。「本当に普通の子が被害に遭っていたんですね」。そうつぶやくと、相談員も「そうですね」とメモを見たままうなずいているようだった。

さらに、メモには「『持ち出したお金はどうしたの』と聞くと『ギャンブルに使った』とか『パチンコで負けた』『マージャンで負けた』などと言って、それ以上は口を閉ざすんです」という母親の説明と、「でも、そんなことをする子じゃないんですけど……」という言葉も残されていた。

相談員が、子どもを一緒に連れてくるように勧めると、母親は「あの子は、まずここへは来ないでしょう。相談所から職員の方が訪問してくれたとしても、逃げ出してしまうと思う」と話していた。恐喝のことについては「恐喝されているのでは、といううわさもありますけど、親がそう決めつけてしまうと、ますます離れていってしまいそうで。問いつめると、よけいに学校に行かなくなってしまう気がする。本人は『二学期になったら学校に行く』と言っているので」と途方に暮れている様子だった。

息子は一人で苦しみ、母親はその息子を見ながら困惑している様子が手に取るようにわかった。当初は、「五千万円」にびっくりすると同時に、取られた側も家庭内に何か『特殊な問題』を抱えているのではないか、と漠然と想像していたが、児童相談所に残されていた記録は、それを完全に打ち消す内容だった。

面接は、その一回きりで終わっていた。山田は、なぜ相談員がそれ以上踏み込むことができなかったのかを聞いた。

職員は「追跡の必要があると判断すれば、相談員が児童福祉士に引き継ぐことになっている」という通常の手続きの説明をした上で、「今回のメモを見ると、母親が『学校に言われたから来た』とか『子どもと（相談員が）関係を持ってほしくない』などと話しており、相談員も母親が何を求めているのかはっきりと理解できないままに、引き継ぎの対象からもれてしまった」と話した。

学校で相談した後、「警察へ」と言われ、再び警察から学校へ戻ると今度は「児童相談所へ」と、たらい回しにされた果てに、どうしていいのかわからず、ただ愚痴をこぼしに来ただけのような相談になってしまった母親の、途方に暮れている姿が浮かんだ。

「わかりました。どうもお手数をおかけしました」。そう言って受話器を置いた山田の心には、母子をこれまでに増して不憫《ふびん》に思う感情と、学校や警察が自らの責任回避のために被害者の親子をたらい回しにしていたのではないか、という疑念が残った。

もう一人の被害者

「五千万円事件で逮捕されたのはCって子か？　Aって子もいるのか？」

翌四月七日昼。社会部の丸テーブルにいた遊軍キャップの片田知行が、中署担当の清水の携帯電話を鳴らした。清水は、緑署から中署に向けて走るタクシーの車内で熟睡していた。

「いますよ。なんで連中の名前を知ってるんですか？」

五千万円事件の第一報を六日の朝刊に掲載したが、逮捕された少年三人は匿名。実名は、現場の記者しか知らないはずだった。

「緑区じゃなくて、中区の中学三年生の母親なんだが、今、社会部に電話をかけてきて『うちの子もAとCたちに百万円近く恐喝された』と言ってるんだ」

「加害少年の名前が一致してるなら、ほんまもんかもしれないな。とにかく行ってみて。住所は中区・・・・」

清水は半信半疑で、タクシーの運転手に行き先の変更を告げた。前日、五千万円事件の被害少年の母親に「そっとしておいて」とインターホン越しに取材を断られたばかりだった。金額のケタが違うとはいえ、母親としてのショックは変わらないはずだ。「中区の被害少年の母親」を名乗る女性は、本当に会ってくれるのか不安が残った。

片田から伝えられた住所は、小さな商店だった。経営者とみられる初老の男女とアルバイトふうの二十歳ぐらいの女性二人がいた。社会部に電話をかけてきた母親は、店内にいないようだ。

清水は初老の男性に声をかけた。

「中日新聞の記者で清水と申します。○○さんはご在宅でしょうか」

「ちょこっと外に出たけど、何の用事だね」

「緑区の五千万円恐喝事件って、新聞やテレビでご存じですよね？　こちらの息子さんも、あの事件の加害少年から恐喝されたという話を聞きまして」

「どこで聞いたの？」

「いえ、それは……」

「……本当に新聞社に電話したのか」

男性は、あきれたようにつぶやいた。

初老の女性が近づいてきた。

「よけいなことをするねえ。向こうの子が少年院から出てきた時、うちの子が仕返しでもされたら、どうするつもりだろう」

二人は、AとCら四人から約八十万円を脅し取られていた中区の柊二君《しゅうじ》（仮名）の祖父母だった。

気まずい雰囲気の中、十分ほど待つと、母親が友人と二人で買い物から戻ってきた。

母親は、ショートヘアでほっそりした、気丈な雰囲気を漂わせた女性だった。

「新聞記者なんかに話をして、大丈夫なのかい？」と心配そうな祖父母をなだめ、静かに説明を始めた。

――うちの柊二が初めて恐喝にあったのは一昨年、中学一年生の十月。柊二と友達四人が同級生の女の子を「ブス」とからかったのが原因です。

その女の子のお兄さんが一学年上の先輩で、Cと仲が良かった。だから、柊二たちはCに呼び出され「一万円ずつ持ってこい」と脅されました。たまたま柊二はCと同じ小学校だったから大丈夫でしたけど、ほかの四人は横一列に並ばされて、殴られました。

このときは、別の子どもさんが自分の親に助けを求めたので、金を払わずに済みました。うちのお父さんがCの家に「どういうつもりだ？」と怒鳴り込み、それで終わったと思いました。

ところが、一年後。昨年の九月二十日。午後七時ごろ「柊二君いますか」と聞き慣れない声の子どもから電話がかかってきました。私が「柊二は塾に行っています」と答えると、八時ごろにも同じ声で電話がありました。

柊二はいつもなら十時十五分に塾から戻ってくるのに、この日は十時半を過ぎても帰ってきません。

私は心配になり、玄関から外に出ました。ちょうど柊二が帰ってきて「友達と話をしていたんだ」と答えました。後からわかったのですが、柊二はCたちに待ち伏せられ、金を取られていたんです。それが始まりでした。そのとき、私が何かを感じ取れば良かったのですが……。

十月に入ると、私は病気の手術で入院しました。家にいるおばあちゃんから私の病室に「お店のレジからお金が七万円足りなくなった」などと不思議な連絡が入りました。私は十月二十日に退院しましたが、私の入院中の家族の生活費として自宅に置いてあった四十万円がほとんど残っていないと聞き、何かおかしいと感じました。

もちろん「柊二が家の金を盗んだ」と思いましたよ。でも、自分の子どもを簡単に疑っちゃいけないでしょ。疑いの心を一生懸命に抑えました。

柊二がしきりに胃痛を訴え始めたのは、そのころです。病院の診断は胃炎。私が入院していた三週間で、柊二の体重は六キロも減りました。今から思えば、Cたちに殴られ、「いつでもおれたちに金を渡せるようにしておけ」と脅され、苦しんでいたんですね。

私は入院していたし、お父さんは厳しい人。柊二はだれにも「学校を休みたい」とは言い出せなかったのでしょう。

「五千万円事件とは恐喝されたお金のケタが違うから、ニュースにはならないかもしれないけど」と淡々と語りながらも、母親は涙目になっていた。清水は、彼女が冷静を装っていることに気づいた。

ただ、日付まで正確に覚えているのは、なぜだろう？　率直に尋ねた。

母親は二種類のメモを出した。恐喝の被害が明らかになってから、父親が柊二君を問いただしてつづったメモ。もう一つは、そのときに柊二君自身が父親に叱りつけられながら書いたメモだった。

◇

【父親のメモ（抜粋）】

▽昨年九月二十日　中区の同じ中学の三年生のCら二人と緑区の中学生に待ち伏せられ、脅迫される。内容は、息子が自分たちを中傷しているという作り話。「自分を中傷するならただで済ませないから、十万円を一週間以内に持ってこい」と言われた。一人に「殴らせろ」と言われ、足を蹴られる。

▽十月四日　校内で頻繁に呼び出されるようになる。呼び出す時間は一定ではなく、授業と授業の間に柊二の同級生が呼び出し係をした。Cには「自分はほとんど授業に出ていないから、常時、

金をできるだけつくって持っていろ。いつ呼び出すかわからないから、呼び出されたときすぐ金を渡せ」と言われた。
▽十月十三―二十二日　体育館の東側で、相当ひどい暴行をＣから受ける。Ｃは「自分のバックには暴力団がいる」と脅した。柊二の同級生が近くで見ていた。
▽十月二十日　プールサイドのトイレ前でひどい暴行を受ける。呼び出し係の同級生もトイレの中で同じように相当な暴力を受ける。柊二は、腹部をこぶしで十回ほど息が止まるほど殴られた。せき込んで非常に苦しむ。前かがみになった時に、背中を角材で強く殴られた。右肩を十回ほど蹴られる。顔を手でガードしたため、右上腕部を数十回殴られた。そのとき、更衣室にもたれかかった状態で殴られ続けたので、更衣室のドアの金具が衝撃で壊れた。
▽十月二十五日　五時間目と六時間目の間の休み時間に教室にいた時、同級生から呼び出され「階段に座れ」と言われ、Ｃから座ったまま蹴られる。学校の近くの神社へ移り、Ｃが学校から持ち出したとみられるほうきで柊二の背中や太股を強く殴ったため、ほうきの柄が折れた。柊二が倒れると、Ｃは「お前は大げさだ」と言いながら、無理やり立たせて再び殴った。「意識が飛ぶくらい殴れば、殴ったことを覚えていないだろう」とＣ。相当にひどい暴行を受けたが、どのくらい殴られたのか、柊二は気が遠くなって記憶がさだかでない。Ｃは「刃物で刺されたくなかったら、家の貯金通帳を持ってきて下ろし、一千万円渡せ」と言った。柊二の同級生は「そんな大金は持って来られないだろうから、おまえがどのくらい持ってこられるか、言った方がいいよ」。

「百万円くらいまで減らしてほしい」と柊二。「百十五万円持ってこい」とC。「もし親や警察に言ったら、自分が警察に捕まる前におまえを殺す」。同級生がCから金をもらってジュースを買ってきた。柊二はジュースの缶で殴られた所を冷やし、ジュースは同級生に返して学校に戻る。時間は六時間目が終わった時だった。

◇

【柊二君のメモ（原文。カッコ内は記者による注）】
▽九月二十四日「先輩に言われたから」と言われて、集めていた三万円を払う。
▽九月三十日「急いで金をつくれ」と言われて、二万円しかなかったので、（自宅にあった）一万円を加えて三万円を払う。
▽十月六日「今、持っている金を渡せ」と言われ、「一万五千円しかないです」と言ったら、「ふざけるな！」と言われ、三十分ほど時間をもらって（自宅に戻り）三万円を渡す。自分の部屋の窓からプールで使う防水ケースに入れて、下へ投げる。
▽十月七日「いくらつくった？」と聞かれ、「二万五千円」と言ったら、「三万円はつくれ」と言われ、三万円を渡す。自分の部屋の窓からビニール袋に入れて下に投げる。
▽十月十二日「四、五万ぐらいつくれ」と言われ、三十分後ぐらいにお好み焼き屋の前で午後七時十五分ぐらいに五万円を渡す。
▽十月十六日「これで最後だから」と言われ、三万円をラーメン店前に持っていく。

▽十月二十一日「先輩が車をほしいと言っている」と言われ、「おれが五十万を払うから、お前は十五万を二週間以内につくれ」と言われた。

「柊二君の名前は匿名にしたうえで、記事にさせていただきます」

清水は、柊二君のたどたどしい文字から目が離せなかった。彼の悔しさと、両親の悲しみが、ひしひしと伝わってきた。

「このメモを写真に撮りますから、このまま新聞に掲載させてくれませんか？」

母親は、迷った様子で目を伏せた。横に座っていた祖母が、彼女の気持ちを代弁した。

「記者さんに話をすることを、柊二には話していないから」。母親が付け加えた。「記事で匿名にしても、字を見たらわかっちゃう人もいるかもしれない」

清水は、祖母と母親が首を横に振るのを見て、無理強いをしてはいけないと思った。

「ちょっとばかり腕っぷしが強い不良に恐喝されていることをだれにも言えずに悩んでいる子どもは、たくさんいると思います。五千万円の被害少年や柊二君みたいに」

「そうでしょうね」

「柊二君の悔しさを新聞できちんと伝えれば、黙って耐えている子どものうち何人かが、親や教師に助けを求めるきっかけになるかもしれません」

とはいっても、記事にしたら、柊二君は忘れかけていた悔しさと恥ずかしさを思い出すだけだろう。彼が得することは一つもない。

「柊二君の直筆のメモを紙面に出すのはあきらめます。でも、その内容を、原文のまま活字にさせていただけませんか？　柊二君が特定されるような固有名詞はすべて伏せますから」

母親は、静かに笑った。自分のノートを開いた清水を手で制し、二つのメモを手渡した。

「会社に帰ってから、ゆっくり写してください。ちゃんと返してくれればいいです」

清水は、我ながらずうずうしい願いだと思いながら、もう一度頭を下げた。

「柊二君にとってすごく嫌な思い出を新聞に載せる意味を、柊二君に話してみてください。そのうえで、柊二君のメモを写真に撮ってそのまま掲載させてほしいという私のお願いを、柊二君に伝えてみてください。彼がそれを嫌だというなら、あきらめます」

母親と清水のやりとりを心配そうに見守っていた祖母が、つぶやいた。

「本当に、向こうの子たちの恨みを買わないといいんだけどね」


清水は中署に戻り、署の幹部に裏付け取材をした。母親の話は大筋で間違いはなかった。Cら二人は柊二君に対する五十万円の恐喝容疑で今年一月に書類送検され、家裁の審判を待っていた。約三十万円の余罪があることもわかった。Aら残りの二人は「金の分け前をもらっていない」という理由で処分こそ見送られていたが、恐喝の現場におり、柊二君の恐怖心をあおる役割を果たしていた。

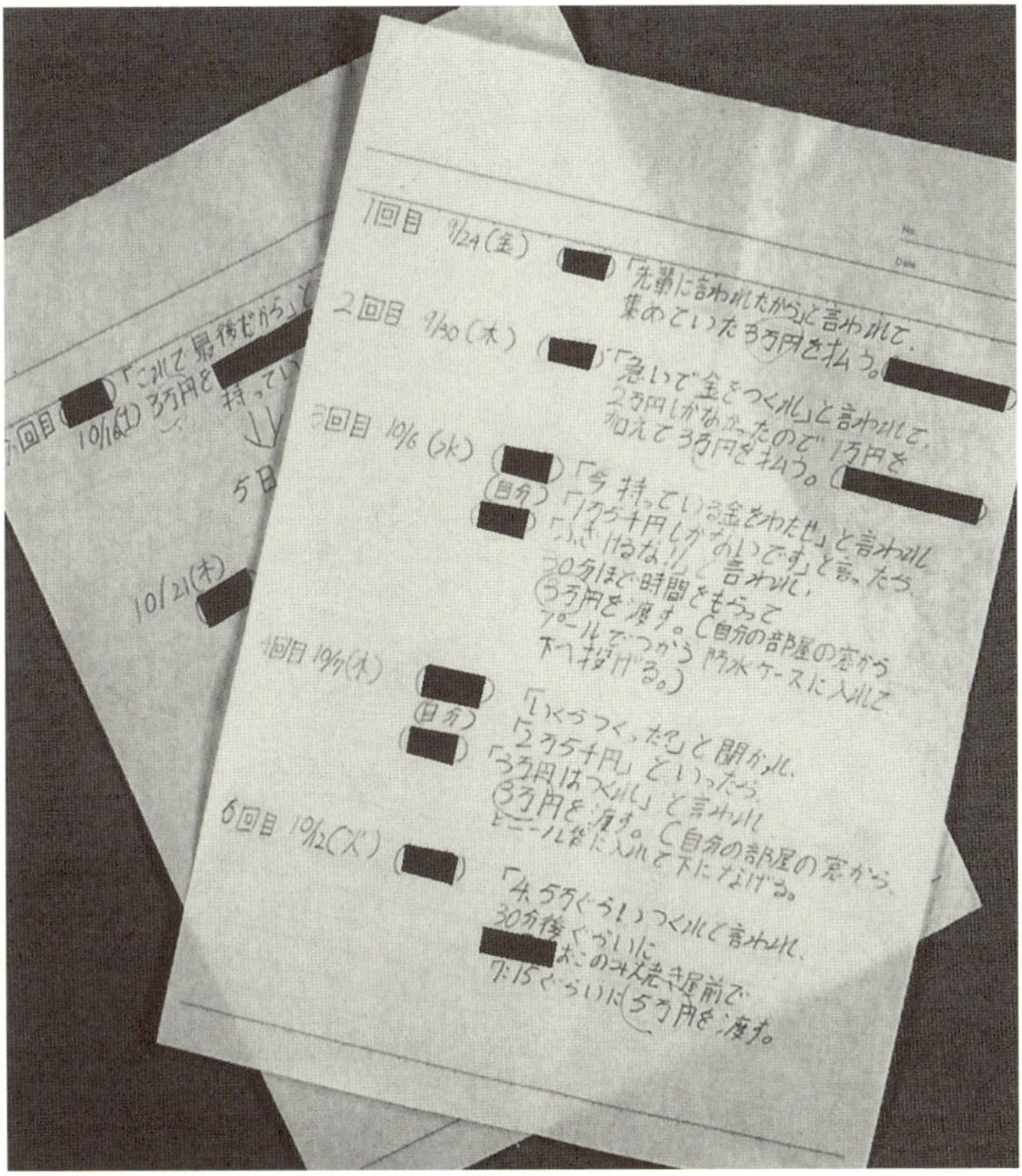

「80万円恐喝事件」で被害者の少年が書いたメモ

五千万円事件の本件そのものではなかったが、ニュースとしての意味は大きかった。それまで、被害少年が受けていた暴行、恐喝の様子が、別のこの事件の被害者のメモから初めて具体的に浮かび上がったともいえた。その暴行のすさまじさ、むごたらしさ、情け容赦のなさはぞっとするような内容だ。柊二君にしろ、五千万円事件の被害少年にしろ、肉体的、精神的にここまで追いつめられ「よくぞ生きていてくれた」というのが、取材した清水の実感だった。そして、もう一つの驚きは主犯格のAや逮捕されたCが、五千万円事件と同時進行でこの恐喝事件を起こしており、一月初旬に書類送検されていながら、犯行に歯止めがかかるどころか、ますます被害少年に対する暴行、恐喝をエスカレートさせていたことだった。

翌八日午後十一時半。柊二君の事件を出稿して早版（遠隔地に届けられる締め切り時刻の早い新聞）のゲラ刷りを読んでいた清水に、一本の電話がかかってきた。柊二君の母親からだった。

「柊二がメモをそのまま新聞に出してもいいと言っています」

清水は、うれしくなった。

「自分にとっては嫌な思い出でも、だれかの役に立つならそれでいい、と言っています」

「お母さん、万が一にも柊二君が仕返しで不良連中に呼び出されたら、二十四時間、いつでも結構ですから、僕の携帯にでも、中日新聞社会部の直通にでも電話をしてください。記者を動員して駆けつけます」

興奮気味に電話を切った清水に、デスクが「何事だ?」という不審な目線を送ってきた。清水は事情を説明し、体格の良い後輩記者の名前を冗談まじりに二、三人挙げて「あいつらを連れていきます」と話した。

デスクは、にやりと笑った。

「そんな貴重な現場を踏めるなら、社会部五十人、みんな行きたがるぞ。部長だってついてくるかもしれん」

余談になるが、五千万円事件で暴力団組長を父にもつ無職男性が「カモになるな。闘えよ」と被害少年の重たい口を開かせたように、柊二君を絶望の淵から救ったちょっぴりコワモテの青年がいる。

名古屋市港区のビルメンテナンス作業員(二〇歳)だ。パーマでチリチリにした茶髪に、車高を落としたホンダ車。「若いころ友達に誘われ、何度か暴走族の集会に顔を出しただけですよ」と本人は照れ笑いするが、中学生の柊二君にとっては頼りになる存在だった。柊二君の家で働く女性店員(二一歳)と仲が良いのが縁で、一度だけ、柊二君をドライブに連れていったことがある。

家の中からひんぱんに現金が消え、「なんでもないよ」と言い張りながら、どんどんやせ細っていく柊二君。両親は、だれかにいじめられているのだろうと見当をつけた。が、柊二君自身の口からそれを言わせなければ、彼のためにならないと考えた。だから、父は苦しい決断をした。

「親じゃだめだ」

十月下旬の夕方。柊二君の両親に頼まれた作業員は、女性店員と柊二君を愛車に乗せ、ファミリーレストランに出かけた。

「最近、様子がおかしいそうじゃん」

「そんなことないよ」

「なんか、お前、すごくやつれてないか？」

「……」

柊二君はハンバーグを注文したが、フォークの先でいじくり回しているだけで、おしゃべりも食も進まない。作業員は「ゆっくり話そう」と考えた。食事を終え、ゲームセンターに移動した。

「なんかやるか？」

柊二君は無言でＵＦＯキャッチャーを指さした。「たれぱんだ」と呼ばれるマスコットのカップを狙って百円玉を一枚、また一枚……。千円以上使っても、取ることができなかった。

「ちょっと、オレにやらせてみな」

作業員が苦笑しながら柊二君と交代した。ガラスの向こうのパンダの絵柄のカップが簡単に鉄のつめに持ち上げられ、丸い穴に向かってゆっくりと移動。コロンという音とともに賞品の出口に落ちてきた。

「おいおい、一回で取れちゃうなんて」。鼻高々の気持ちをぐっとこらえ、作業員は、さも当然のことのようにカップを柊二君に手渡した。

「ありがとう」。柊二君が初めて笑った。作業員はぼんやりと感じた。「こいつ、助けを求めてるんだな」

ゲームセンターからの帰り道。普通に走れば二十分ほどで柊二君の家に着くはずなのに、作業員はわざわざ遠回りをして一時間もかけた。

「いい加減に話せよ。本当はだれかにいじめられてるんだろ？」

「違うよ」

「お前がだれかにいじめられてるなら、そいつらをやっつけたる」

「……」

「オレが助けたるで」

「……」

作業員は、そんなに気の長い方ではない。とうとう声を荒立てた。

「本当にいじめられてないんだな！」

柊二君は泣きそうな顔になり、ようやくCらの名前を口にした。

黙って後部座席に座っていた女性店員が、携帯電話で柊二君の母親に連絡した。

「Cだって、Cだって！　柊二君がしゃべったよ！」

柊二君がぽつりぽつりと恐喝の被害について話すのを聞きながら、作業員は愛車のアクセルを強く踏み込んだ。「ガキのカツアゲ（恐喝）にしちゃ、度が過ぎてる」。怒りで胸がいっぱいだった。帰宅した柊二君を、母親は抱きしめた。父親が柊二君を怒鳴りつけながらメモをつくったのは、この晩のことだった。

打ち明けていた加害少年の親

「主犯少年の両親も緑署に来ていた」。その話を緑署担当の加藤が聞きつけたのは七日の夕方だった。

署に来たのは被害者が中署に届ける前の三月初旬のことらしい。Aの両親はいったい何を警察に相談に来たのか。自分の息子の犯した罪を把握していたのか。どこまで警察に話したのか。素朴な疑問が次から次へと湧いてきた。

加藤は署で二木浩文署長と一対一になるタイミングを待った。夕方、署長が署長室から出てきて、応接用ソファに座ったところをつかまえた。「大変そうですね」。雑談をひとしきりした後、切り出した。

「Aの両親も息子が逮捕される前に、ここに相談に来てたんですよね」

署長は、ちょっと驚いた顔で「うーん」とためらっていたが、隠しても仕方がないと思ったのか「そうなんだわ」とあっさり認めた。

「で、どうだったんですか、その時の様子は?」

両親が緑署に来たのは被害少年が中署に被害届を出す八日前の三月六日午後三時頃のことで、「うちの息子が二千万円恐喝している。相手から損害賠償を請求されている。相手は弁護士を立てると言ってきている。民事の弁護士を紹介してほしい」というのが相談の内容だった、と署長は話した。

最初の警察発表にはなかった内容だった。親が息子を警察に突き出すわけではなく「弁護士を紹介してほしい」と署に頼みに来る、というのは何かズレているような感じがした。被害者が中署に届ける前に加害者に対して直接行動を起こしていた、という点も意外な事実だった。署長は何かプリントされたものを片手にちらちらと見ながら話していた。どうやら、ことの経緯はすでにまとめてあるようだった。

「被害者は行動を起こしていたんですか」。署長に先を急がせた。

「うん、被害者側は全部で五人ぐらいでAの自宅に来た、となっとるな」

メモを取る加藤の手が止まった。数時間前、たまたま社に上がっていた時、デスクと牧真一郎記者が「入院仲間」の件を話していたことを思い出した。被害少年が緑区の病院に入院していた二月半ば、病室で知り合った男性三人が少年の心を開き、中署に被害届を出させたというエピソードを牧が入手。特ダネとして八日朝刊に掲載するための作業が着々と進んでいるはずだった。「ひょっとしたら」。ピンときた加藤は、平静を装って「被害者と一緒にAの家に行ったのって、入院仲間のことですよね」と署長にカマをかけた。

署長はさすがにちょっと驚いたようだった。鋭い視線を加藤に送った後「そこまで知っているなら仕方がないな」と言うように、応接ソファの横の副署長席に座っていた吉見民也副署長に目で合図を送り「後はこっちから聞いて」と言い残して再び署長室に消えた。

「五人ぐらいで損害賠償を請求しに行った」。そう聞いた段階で、被害者側のいかにも威圧的なイメージが思い浮かんだ。昼間に牧とデスクとのやりとりで、入院仲間の一人が「暴力団組長の息子」という話も聞いていた。「美談」にはそぐわない、変な話になってきた、と加藤は思った。署長に代わって答える吉見副署長に「それって、逆恐喝みたいな話になってるんですか」とつっこんだ質問をした。

副署長は「いや、それ（逆恐喝）はない」と即座に否定した。「Aの両親の側からヤクザとか暴力団という話は出なかった。『脅された』とも言ってきていない。怖い人たちだ、とも言っていないんだ。その線はまったくない。署としてもそれはやっていない」。万一、逆恐喝の線が浮上しているとすれば、入院仲間の美談が転じて「被害者側が逆恐喝、暴力団関係者が示談に介入」というややこしい話になりかねない。緊張が走ったが、これなら慌ててデスクに連絡する必要もなさそうだ。しかし、念のため入院仲間たちが来たときの状況を詳しく聞いた。

「Aの両親によると、被害者の母子と男たち数人が三月五日の午後十時頃、自宅に来て『お宅の息子に二千万円取られたので返してほしい』と請求された。その際『他にも十人ぐらい加害者がいて、同じように請求している。事件にするつもりはない。とにかく金を返してほしい。弁護士を立てる』と言われた、という話だね」

副署長は、メモを見ながら話した。

加藤は最初から感じていた疑問を、初めてそこで口にした。

「それで、相談を受けた少年係の人は、いったいどういう対応をしたんですか」

副署長は「Aの両親が『こちらも弁護士を立てたい。いい弁護士はいないか』と聞いてきたので、弁護士会の名簿を見せたようだ」と答えた。

まったくピントがずれている感じがした。二千万円という巨額の被害金額が出てきて、しかも、加害者側が認めている。つまり、緑署は三月六日の時点で恐喝の大ざっぱな概要をほぼ把握していたことになる。加害少年たちの犯行が、いつまた再開するとも知れない状況で、弁護士会の名簿を見せてことを済ませるというような話ではないはずだ。

「それで終わった　わけじゃないですよね」

加藤が聞くと、副署長は「Aの両親は、家出して行方不明になっているという息子の捜索願を出していった。こちら側は『被害者の母子に連絡を取って事実確認をして対応する』と答えた形になっている。Aの両親からは九日に息子が家に戻ってきた、という連絡が署にあった」と話してメモをしまった。

「その後、被害者の方には連絡したんですか」

加藤の質問に、吉見副署長は気まずい顔になって答えた。

「少年係はちょうど卒業式シーズンの警戒で忙しくて、それで被害者の方に連絡を取るのも遅れてしまった。そうこうしているうちに、被害者側が中署に被害届を出した。うちとしては寝耳に水だった、というわけだわ」

もう一度、加藤は素朴な疑問をぶつけた。

「でも、その時点で事件にできましたよね」

副署長は「うーん」と困惑したような表情を見せた後、「被害者が『被害届を出さない』と言っていたことだとか、二千万円という金額がちょっと信じられなかった、とかいろいろあったんだろうな。双方が弁護士を立てる、と言っているということで『民事の事件』だという感覚があったのかも知れない。今思えば、あの時点ですぐに着手すればうちの事件にできたのに、とは思う」と話した。


夜、加藤が社に戻って署で確認した経緯を報告すると、デスクは仰天した。加藤の話の中には二つの重要な要素が含まれていた。

まず一つは入院仲間の一人だった組長の息子の日置治の行動だった。手数料を取ったり、脅しまがいの行為に及んでいたりすれば「美談」どころではない。原稿を書いていた牧はすぐに中断して、入院仲間の一人、自営業の井上忠嗣と連絡をとり、加藤から聞いたいきさつを話した。井上も「初耳だ」と驚いた。井上はすぐに電話で日置と連絡を取り、問いつめた。日置はたまたま交通事故で入院中だったが、病室から「謝礼をもらっていたことは絶対にありません。最初、そういう気持ちがなかったと言えば、うそになる。でも、もしも自分がそんなことで警察沙汰を起こしたら○○君（被害少年）が傷つくんです。せっかく僕を信用して心を許してくれた○○君を裏切ることなんか絶対できません。本当に金にしようと思ったら、警察に言いますか」と話し、兄貴格の井上に「信用してください」と繰り返した。外車で加害者宅を回ったことを責められると「だって、これ（外車）しかないんだからしょうがないでしょう。でも（自分が組長の息子だという）背景は絶対に言ってませんよ」と訴えた。捜査の中枢にいる警察幹部も「今回はやつの義侠心がなせるわざだよ」と認めていた。

重要なもう一つの要素は、緑署が事件の概要を把握しながら、動いていなかったことだ。いくら小さな署で少年係が三人しかいないとはいえ、捜査が遅れた理由は、どれも言い訳にしか聞こえない。昨年七月一日に被害者の母子が署に相談に来た際、事件にできなかったことについては「少年が本当のことを言わなかった」という理由で一応の理解は得られていた。しかし、今回の三月六日の件では、加害者側が犯行のほぼ全容を打ち明けていながら着手していない。その事実を公表していなかったということで、七月一日の署の説明さえ「本当だろうか」という疑念を抱かせた。

四月八日の朝刊には入院仲間たちが被害少年の心を開いた記事「カモになるな闘えよ　入院仲間、

少年の心開く　真実語る決意後押し」が社会面のトップに、「主犯少年の親も警察相談　緑署、捜査せず放置」という記事が一面のトップに載った。この日の紙面をきっかけに、ニュースの焦点は七月一日の「母子からの相談」をめぐる緑署と扇台中学校の「放置問題」へと動き始めた。

第3章
「放置」

少年事件を立件せず放置していた緑署

校長の記者会見

四月六日、扇台中学校では午前七時四十分から会見が開かれることになっていた。前夜、取材の応対をした箕浦隆教頭が「生徒たちが登校してくる前に」と設定した時間だった。三十人程度の記者、カメラマンを、正門前で立っていた男性教諭が「会見はこちらで行いますから、どうぞ」と、生徒たちが給食をとるランチルームに誘導した。会見には加藤美喜が入っていた。教頭が「明日の朝きちんと校長が応対しますから」と話していたこともあり、この会見で五千万円という途方もない被害金額に拡大していくまでのある程度の経過や背景が判明すると思っていた。

時間になると、横江庸之《よこえやすゆき》校長がマイクが置かれた席に一人で座り、男性教諭が一人、入り口のところに立った。

加藤は横江校長の表情を見た途端、「大丈夫かな」と心配になった。最初からうつむき加減で、ふと取材陣に向けた視線は宙をさまよっていた。「動揺しておりますので、すみません」。そんな言葉がいきなり出てきた。

取材側が知りたかったポイントは「学校が何をどこまで把握していたのか」というその一点だった。しかし、記者からの質問と校長の答えは、ほとんどかみ合わなかった。校長の答える内容は、明らかに前夜、教頭が答えた内容よりも後退していた。会見の途中「わかる人を連れてきてください」と、いらだった記者の一人が要求した。その質問に、校長は「動揺していてすみません」と、再びかみ合わない答えが返ってきた。叱られた子どものような校長を見ているうちに、加藤は「なぜ、まったく状況を把握していない校長一人に会見させるのだろう」という疑問がわいた。箕浦教頭は「私は始業式があるので」という説明で、会見場には顔を見せなかった。

校長との会見は、次のような内容だった。

校長「今日は始業式で生徒たちのことを最優先に考えたいので、みなさんよろしくお願いします。昨日夜八時頃、緑署へ電話して様子を聞きましたが、当直の人が『よくわからない』とのことで、今回の事件がうちの生徒かどうかわかりません。私なりに、まず四点まとめたので述べさせてください。

まず、第一として、これが事実だとしたら、指導の問題をただし、再発防止に努めたい。二つ目は、生徒は第二発育中心期で多感な時期にあります。被害者と加害者の少年には、一日も早く立ち直って、社会の一員として頑張るよう支援していきたい、ということです。三つ目は一般の生徒が落ち着いて学校生活を送れるよう、職員が一丸となって指導していきたい。四つ目は、家庭や地域との連絡を密にとっていきたい。私が聞いている範囲では、指導はよくやったと思います。警察に紹介して、何度も足を運んで、児童相談所にも行って、いい方向に進むようにそれぞれやっていたと思う」

記者　「傷害恐喝事件があったのはいつごろですか?」
校長　「昨年六月頃と聞いている。間違っているかもしれない」
記者　「きっかけは?」
校長　「発端になったのは修学旅行中のこと。食事の時に衣服に汁が飛び散ったということでもめたと聞いている。それまでは知りませんでした」
記者　「六月に相談はなかったか?」
校長　「金銭が動いたということがあって、学校に相談に来た。まず、担任に話をしたと思います。相談があったのは六月か、あるいは七月かもしれない」
記者　「相談は生徒一人で来たのか?　校長として把握している範囲で話してほしい」
校長　「(自信なさそうに)子どもではないかと思う」
記者　「母親ではなかったか?」
校長　「よくわかりません」
記者　「事件はまったく把握していないのですか?」
校長　「多額のお金が動いた、というのはあるようだ。それは母親から連絡があって聞いた、と承知している」
記者　「被害者と被疑者の関係は?」
校長　「普段から一緒にいたのではないと思う。仲間ではないはずです」

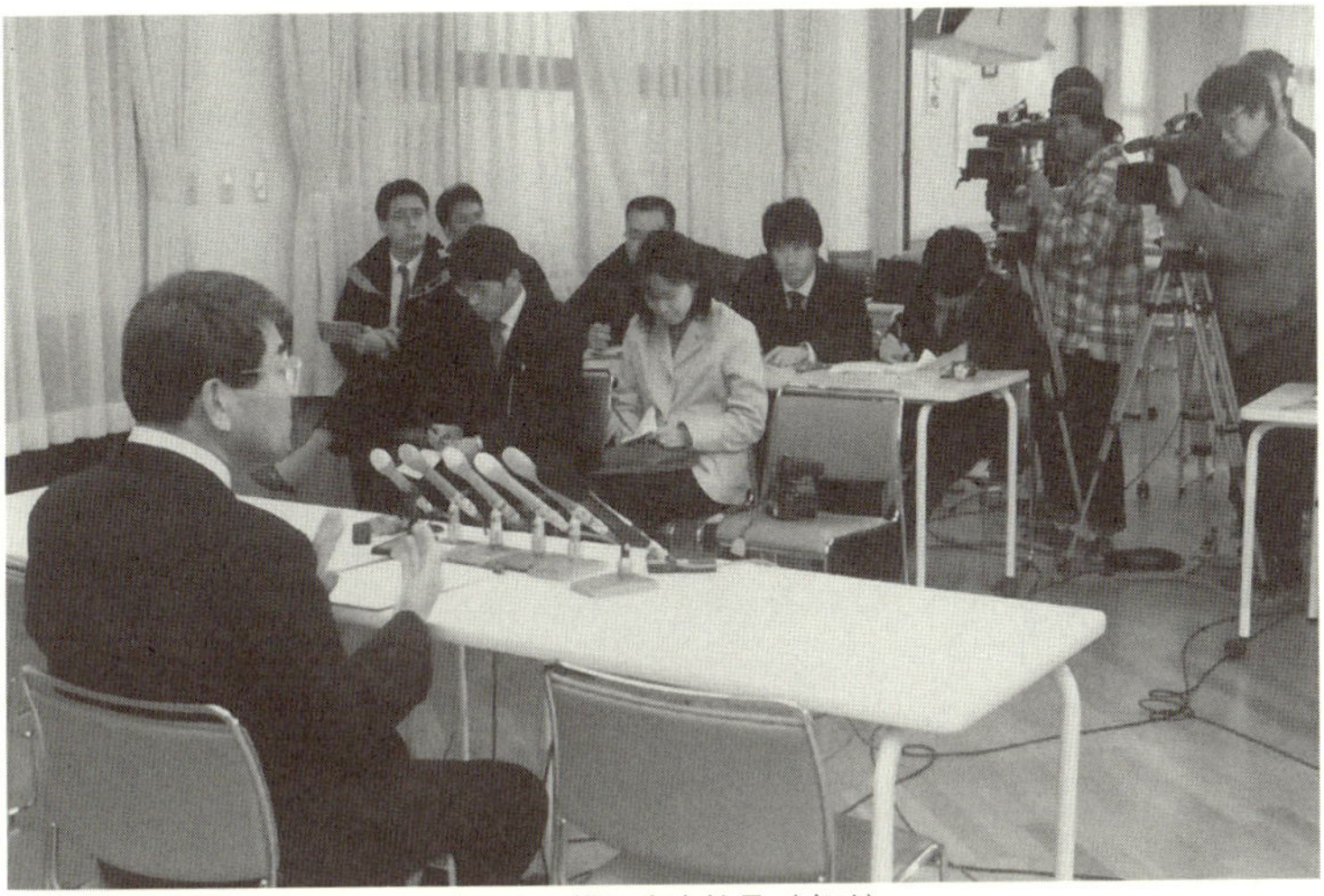

会見する横江庸之校長（当時）

記者「被害者と被疑者を把握した上で話しているのですか?」

校長「わかりません。事件に類似している、というのはあるが」

記者「仲間ではない、というのは……」

校長「友達ではない、ということです」

記者「被害者はかなりひどい暴行を受けているが、学校は把握していないのですか?」

校長「そのあたりが学校に十分伝わってきていなかった」

記者「学校として被害者にどういう対応をしたのか?」

校長「親も含め、話を聞いたりした。家庭訪問も、数まではわからないが、した。連絡は密に取っている」

記者「生徒の入院理由は?」

校長「本人は『タイマンを張った』と言った、と聞いている。結局、子どもの口から本当のことが知らされていないんです」

（この間に、関係する教師に連絡を取り、報告を受ける）

校長　「最初は本人が遅刻して登校した際に、遅刻理由を聞く中で、お金が動いていることを担任が把握したそうだ。警察に届け出るよう指導した。その後、生徒は休みがちになった。児童相談所に行って相談を、ということになった。一月に本人が入院しているという情報を聞いて、親と連絡を取った。二月下旬に母親が学校に相談に来た。困ったことだ、恐喝されている、金を取られている、と。専門的なことなので、弁護士などに連絡するように言った。どれだけの金が動いていたのかは、わかりません」

記者　「一月半ばで、すでに五千万円取られている。二月に母親が相談に来たとき、悲愴感を感じ取れなかったか？」

校長　「だれが相談を受けたかはっきりせず、わからない」

記者　「不登校になった時、相談にのったのですか？」

校長　「その辺のところはよくわからない。本人に聞いたが事実をつかめなかった。最近の子どもたちは友達と話をするのが少ない。こちらも情報をつかみきれなかった」

記者　「七月の登校時に担任が把握したと言うが、具体的にどうやって？」

校長　「遅刻理由を母親に聞く中で、お金が動いたという話を聞いた。実際に『だれ』という名前が出てこなかった」

記者　「母親とは連絡は密だった？」

校長「母親もなかなかうまく伝わらない状況で」
記者「去年の七月以降はまったくの不登校？」
校長「七月から一、二月ぐらいまでの間に百日を超えるぐらいの休み。完全な不登校ではなく、休みが多かった」
記者「それまでは不登校じゃなかったということ？」
校長「はい」
記者「恐喝を受け、加害少年に金が渡ったという事実をまったく把握していないということですか？」
校長「子どもははっきり言わない。母親も連絡がない。それでわからない」
記者「要するに事件になるまで、恐喝の事実を確認していなかったということですか？」
校長（長い沈黙の後）「……と思います」
記者「加害少年に対するアプローチは？」
校長「事実をつかまないうちにそういうことは言えない」
記者「加害少年のグループは学校に来ていなかった？」
校長「休みが多かったとは思う」
記者「被害者と同じクラスの子どもから聞いてなかったですか？」
校長「聞いていない。そういうやりとりがあったとは聞いてない」

記者　「生徒の変化を見つけられなかったことについては？」
校長　「それぞれの生徒の様子を見ながら、話を聞きながら指導している。精一杯やってくれたと思っている」
記者　「対処の仕方によって事態は変わっていた可能性もあるのでは？」
校長　「それはわかりません。なかなか心を開いてくれない、というのがあったものですから。現代の若者の風潮といえる。私の力不足ということもあるし」
記者　「担任は？」
校長　「退職して、連絡をとってない。ベテランの女性教師です。定年退職ではなく、一身上の都合です」
記者　「被害者は校内でいじめられていたのですか」
校長　「なかった」
記者　「被害者が『タイマン張った』というのはだれと？」
校長　「わかりません。本人も母親も言わない」
記者　「二回の入院については？」
校長　「担任は理由を知っていたと思う。私は把握していない。努力はしています」
記者　「どの程度担任から校長まで情報が上がっていたのですか？」
校長　「お金が動いたり、けがをしたということです。あってはならないことが起きた、ということで……」
記者「（被害者について）警察への確認は」
校長「今日あらためて確認したい」
記者「他の生徒の保護者は、今回の学校の対応に不信感を抱くのではないか？」
校長「そういうふうに思う人もいる。信頼回復に努めたい」

校長は一時間程度で「始業式であいさつをしなければいけませんので」と言い残して、会見を打ち切った。残された取材陣のうち、四、五人の記者が入り口に立っていた男性教師を取り囲んで「今の校長の話では、まったくわからない」「昨日の教頭の話の方がまだわかった」と口々にクレームをつけた。記者たちの抗議に対し、男性教師は「まだ、うちの学校の生徒かどうか、わかりませんから」と言って、記者たちを押しとどめた。事件にも、報道陣からの質問にも正面から向き合おうとする姿勢はまったく感じられなかった。記者たちは「まだ、そんなこと言ってるんですか？」と強い調子で問い返し、緊迫した雰囲気になった。事態を把握していない校長のあいまいな受け答えや、立ち会った男性教師の無責任な態度に加藤はうんざりしていた。事情説明を現場から受けないままに、矢面に立たされている横江校長がかわいそうに思えてきた。と同時に「校長は、学校全体をどこまで掌握しているのだろうか」との疑問を感じた。

その日の午後四時ごろ、学校は二度目の会見を開いた。

三十人近くの報道陣を相手にしての会見は、再び校長一人だった。教頭は「それではこれから会見を始めます」と言ったきり、席には着かず進行役として部屋の隅に移動し、報道陣と校長とのやりとりに口を挟むこともなくただ見守っていた。

会見で、記者たちの質問は被害少年が不登校になった後の担任や学校側の対応に集中した。しかし、質疑応答は、ほとんど朝の会見の繰り返しだった。横江校長は「担任の先生はきちんとやっていた」と繰り返し、記者たちが「具体的には被害少年について何を把握し、どんなケアをしたのか」と質問すると、答えられずに黙っていた。取材者側のいらいらは次第に募っていった。午前中の加藤と交代して会見に出ていた清水は、目の焦点が定まっていない横江校長を「動転しているんだろう。気の毒だな」と思ったが、正確な事実を把握するまでは質問を緩めるわけにもいかなかった。しびれを切らした記者の一人が言った。「わかる先生を出してほしい。あいまいな話を聞いて、報道するわけにはいかないんですよ」。部屋の隅に立っていた箕浦教頭が「わかりました」と言って退席し、しばらくすると当時の学年主任と生徒指導主事が横江校長のわきに座った。

学年主任は「うすうす恐喝があったことを感じていた」と認めた上で「少年は、われわれに恐喝の事実を話せば『何をされるかわからない』という恐怖心があったのだろう。少年を安心させてやることができなかったわれわれの力不足です」と認めた。現場の教師から、学校側の責任を率直に認めた、これが初めての声だった。

学年主任と生徒指導主事の二人が同席して、事件になる初期の具体的な経緯がようやく見えてきた。昨年六月の修学旅行中に立食パーティの席で、加害少年らが「ジュースをこぼした。クリーニング代五千円よこせ」と脅したのが最初の恐喝になったとみられる、ということだった。

そして、この一件をきっかけに被害少年は不登校になり、七月一日には母子で学校側に相談した。母親は「息子が自分の農協の貯金から五十万円を引き出した」と訴えたという。

しかし、質問が「なぜ学校は被害少年のSOSをキャッチできなかったのか」というポイントに移ると、返答は途端にあいまいになった。七月一日に相談を受けた後、担任教師らはどのように接したのか。何度も同じ質問が出た。

「先ほどから言っている通り、きちんとやっていました。一体あなたは何を聞きたいのですか?」

学年主任が質問した清水に対し、冷静な調子で問い返した。落ち着き払って言う物言いが、ことの重大さを受け止めているとは思えない、場違いなものに思えた。

「きちんと、と言いますが、どうきちんと仕事をしていたのか、それを聞きたいんです」

「週に一回、電話をしていました」

「不登校の生徒にそうするということは教育現場の常識として知ってます。でも、今回のケースは通常の不登校と違いますよね。多額の恐喝の被害に遭っているかもしれない、という特異な状況に応じた対応はなかったのか、と聞いているんです」

「そのあたりも含めて、きちんとやっていました」

別の記者が「具体的に話してください」と聞いた。学年主任は「ですからきちんと精一杯やっていました」。その場にいない被害少年の元担任教師をかばって、そう答えているとは思えないこともなかった。

「他の先生はどうしていたのですか」

「そのあたりのことは、ちょっと覚えていません」

会見は二時間に及んだ。そのうち一時間が校長との不明朗なやりとり。残りの一時間が「きちんとやっていた」の繰り返しに終始した。学校側の三人は容赦のない追及に疲れ果て、報道陣は不明確で無責任な答え方にあきれ果てた、というのが会見が終わったときの両者の印象だった。

一週間後、学校側は市教委の指示を受けて報道対応を横江校長に一本化した。職員たちにはかん口令が敷かれ、被害少年や加害少年に関係した教師たちは取材にもほとんど応じなくなった。間もなく、横江校長は過労がたたって入院した。

元担任教師への取材

一方、校長会見のあった同じ四月六日、すでに退職し北陸地方に住んでいる被害少年の元担任教師（四十三歳）のもとへは、近藤隆尚、冨田伸生の両記者が飛んでいた。二人は玄関の上がりはなに腰を掛け、話を聞いた。元担任の夫も出てきて妻に寄り添った。夫も、この春まで愛知県内で教職に就いており、生徒指導主事の経験もあったという。夫の実家の都合で、夫婦そろって教職を辞め、実家に引っ越してきたということだった。退職と事件との関連性ははっきり否定した。
すでに他社からも電話などで取材を受けていた元担任は、訪問した二人に対し動揺も見せず、冷静に受け答えをした。

記　者「被害少年が学校に来なくなったのはいつ？」
元担任「六月一、二、三日の修学旅行の後、六月中旬ごろから来なくなってました」
記　者「恐喝の事実を知ったのはいつなのか」
元担任「七月一日、被害者の子が遅刻してきた際、母親に電話で連絡をとって学校に来てもらった時『お金がなくなっている』と聞かされた。子どもが家の金を持ち出している、と。母親からは恐喝という言葉は出なかった。本人は、ほとんど話さなかった。金額はメモがないのではっきりした数字はわからないが、十万円から五十万円以下だったと記憶している。中学生にしては多額だったので『警察に届けた方がいい』と指導した。母子はその足で緑署に行き、その後再び学校に寄って『警察へ行って来た』と報告してもらった。後日、母親と電話で連絡をとった際、『本人はゲームで自分が使った、と話した』と聞かされました」
記　者「その時期以外に、校内で恐喝があるとの情報はなかったか」
元担任「彼が、ということではなく、いわゆる問題のある生徒は確かにおり、（恐喝のような）事案はあったようだが、多額のケースはなかったと思います。タクシーで登校する子はいたようだが、おこづかいをたくさんもらっている子もいたので、直接には問題行動とはとらえられませんでした」

記　者「こういったケースで学校での相談の体制はどうなっていたのか」

元担任「通常、教師一人で相談にのることはありません。授業にもよりますが、生徒指導主事、学校カウンセラーの資格を持つ教諭、教頭などが複数で同席します。相談内容は教頭に連絡します」

記　者「不登校について、児童相談所に相談をしたというが」

元担任「七月中に学年主任を通してしまいました。その際、根ほり葉ほり聞かない方がいいと指摘されたこともあり、『お金はどうした』『なぜ学校に来ないのか』などとは問いつめませんでした」

記　者「加害者の想像はついたのではないか」

元担任「憶測だけで指導することはできません。ただ、被害者の少年には誠実に対応していたと思います」

記　者「不登校になった後、家庭訪問には」

元担任「当然、何度も行っています。進路指導で志望校の願書を届けたりしたのも合わせれば、十回以上行っています。本人や母親と会えない日もありましたが、電話連絡はもっと頻繁に行っていました」

記　者「一回目の入院を初めて知ったのはいつか」

元担任「一月末。病院でひどいけがをしている彼を見た、と別の生徒の母親から聞きました。被害者の子の母親に確認したところ『一対一でけんかをした、と本人が言っている。自分も悪いので学校や警察に連絡しないでほしい、と頼まれていますから』と話していました」
記　者「一連の問題で相談を受けたことは七月一日以降はなかったのか」
元担任「恐喝に関する相談は受けていません」
記　者「このような事件が起こったことをどう思うか」
元担任「ショックです」

翌七日も学校会見の裏付けのため、取材が続いた。

記　者「今回のケースは多額の恐喝ですが、少額のケースはこれまでにもあったのではないですか。そのときの学校の対応は」
元担任「私を含め、一般にこれまで教師が生徒から相談を受けたのは『金を貸したけど返してくれない』というケース。たいてい、金を借りる子は、相手が金を持っていると知って借りているようです」
記　者「たとえ貸し借りでも多額になるケースもあると思うが、その場合の学校側の指導は」
元担任「本人からの申し出があれば、何らかの対応はできるのですが、何の証拠もなく、お金を貸した生徒、借りたと思われる生徒を憶測で問いつめるわけにはいきません」

記　者「被害少年の場合は『自分でゲームに使った』としか言わなかった?」
元担任「はい。そのため、お母さんの話では、警察に届けた際も署員から『貸した、借りたでは事件にならない』『中途半端な学校の指導はかえって火に油を注ぐ』『今後、金を渡さないように』『傷害なら事件になる』と言われたようです」
記　者「それでも五十万円は中学生としては多額と言うより異常な金額。恐喝を予想したり、恐喝とはいかなくても生徒間での貸し借りがあったことも予想されたのでは」
元担任「もちろん。ですから五十万円は学校レベルでは手に負えない金額だと思い、警察に届けるように勧めたんです」
記　者「訳を話してくれない子への対応はできないのか。また金遣いが荒い子どもへの指導は」
元担任「本人が話してくれなければ……。金遣いの荒い子がいるとしても、家から小遣いをもらっている子もいて、それだけで問いつめることはできません」
記　者「しかし、タクシーで登校している子もいた」
元担任「聞いたことはあったが、それも一回だけ。何度もタクシーで登校していた、というのは報道で知りました」
記　者「それでも、結果として事件が起きてしまった」
元担任「家のお金がなくなったという相談について、結果論としてうやむやになってしまいました。私たちの力不足であったということかもしれません。それでもやはり、憶測で生徒の指導はできません。警察が『中途半端な学校の指導は火に油を注ぐ』と言ったということについては怒りを感じています。中途半端な指導をしてきたつもりはありません」

元担任の言い分と学校の発表内容には食い違う点がいくつもあった。例えば、学校の会見では修学旅行中に加害少年が「クリーニング代五千円よこせ」と被害少年を脅した最初の恐喝は教師たちの目の前で行われたとされたが、元担任は「私は見ていない」と話した。事件の発覚からまだ間もない段階で情報は錯綜《さくそう》しており、学校側がかなり混乱していたのは間違いなかった。担任からは「学校側の発表は実際にあった事実と違う。訂正してほしい」というクレームが直接、社会部にも寄せられた。「学校に抗議したが、きちんとした説明も返事もない」という訴えだった。

学校はどうして連絡を取り合わないのか、という疑問が当然起きた。事件発生以来の対応と同じように、トップの危機管理能力が問われる問題だったが、それ以上に、ごく最近まで同じ教育現場で協力していたはずの人たちの間に、信頼関係がどこまで築かれていたのだろうかという疑問を抱かせた。

保護者への緊急説明会

校長が会見した六日の夜、扇台中学校では、保護者に対する緊急説明会が開かれた。連絡網で学区内の各家庭に開催の連絡が回ったのは午後七時過ぎから。説明会が開かれる八時三十分まで大した間もなかったが、体育館には続々と父母らが集まり、三百人近い人で埋め尽くされた。父親の中には背広姿の会社員も多かった。家からの連絡を受け、おそらく勤務先から直接駆けつけたのだろう。母親たちは家事もそこそこに集まっていた。事件に対する関心の高さは相当なものだということがうかがえた。

冒頭、ＰＴＡ会長が「学校は一生懸命やっていた、と信じている。きのうの夜、事件が明らかになり、皆さんの不安もふくらんでいる。一刻一秒を争ってこの会を設けました」と説明会の趣旨を説明した。続いて、横江校長が事件の経過を報告したが、声がか細いために、会場から「聞き取りにくい」「声が小さい」と苛立ちの声が相次いだ。さらに校長が「（被害者、加害者）双方の子どもと保護者のケアに努めたい」と話すと、すかさず「ケアとはどのようにするのか」との声が上がった。

これに対して、司会者役のＰＴＡ会長が「何年何組の親御さんですか」と尋ねたため、質問者が「そんなことがなぜ必要か」と反発した。「そうだ、そうだ」と場内もざわめき立ち、会長が慌てて撤回する波乱ぶくみの幕開けとなった。

父母らと学校側の主なやりとりは次の通りだった。

校長　「（ケアについて）子どもは心の動揺が大きいだろう。落ち着いて生活ができることを念頭にしたいが、捜査が継続しているので、事件の解決の後に面談できたら、と思っている。保護者は学校に対して不信感を抱いていると思うが、そんな中、どうしていくか、いろいろ検討したい」

父母「答えになっていない。こちらは子どもを預けているのに、全然具体的じゃない。真剣じゃない。校長は具体的には何もできないと理解する」

父母「髪を染めている子がいるが、学校の器が大きすぎて、そんな子をほったらかしにしてはいないか。その姿勢がこの結果につながったのではないか。先生たちはよくやっていると言うが、やってないからこんな結果になったのではないか」

校長「職員五十一人が一生懸命やっている。結果がこうだから何もやっていないと思われるのは残念。たとえば茶髪。指導はしている。『直してこいよ』で直る子もいれば、時間をかけて直る子などいろいろいる。先生の努力で変わってきた。長い目で見てやってほしい」

父母「被害者が鼻骨骨折で最初に入院した時、顔がものすごくはれ上がっていた。見ればすぐわかる。その時点で、加害者の目星はついていたんでしょう。もう一歩、踏み込んだ指導があれば、事件は防げたのではないか。自分の子どもを預けているから、具体的に聞きたい。うちの子どもが言いました。『先生たちは何もしてくれない。あてにならないんだ』と。通りいっぺんではなく、もっと具体的に話してほしい」

校長「あと一歩踏み込んでというところでは、我々も反省している。具体的ではないが、気持ちを込めて子どもたちのために頑張っていきたい」

父母「加害者の目星がついた時、どんな話をしたのか」

校長「その生徒だと断定して指導することは危険だと思う。警察ではありませんから『おまえ、こうだろう』とは決めつけられない。被害者に尋ねたが、本人は『タイマンをはった』としか言わなかった」

父母「被害者は（入院した）病院関係者には（加害者の）名前を言ったそうです。学校と緑署には打ち明けなかった。真剣に対応していなかったのではないか」

校長「まことに残念です。申し訳ありません」

場内には「本音で話そう。逃げとらんと」「建前はいいわ。おれたちゃ、マスコミじゃないんだ」という声が飛びかい、騒然とした雰囲気になった。学校と相談の上、この会を主催する形を取ったPTA側は「皆さんの不安を取り除こうと、とにかく一刻も早く開いたのです。これで終わりというわけではありません」と理解を求めた。

しかし、ある保護者からはこんな厳しい意見も飛び出した。

「真剣に聞いてください。遠回しの訳のわからない話をしないでください。大人はたぶらかされません。いったい、教員がなぜいないんですか。緊急でも、親たちはこんなに集まったんです。全員、職員を集めなさい！　五十一人、全員集めてください。待ってますから」

学校側からは校長、教頭といった幹部ら十人程度の教師しか出ていなかった。ある教師が「五十一人いないのがけしからん、と言われますが、本当は明日の午後八時三十分からという話だったのです。この会を知らない先生もいます」と釈明すると、父母らからはさらに批判の声が上がった。
「なぜ知らないの。なぜ、急でも集まれないの。私たちは夜の七時三十分に連絡が回ってきても、来ているじゃないですか。それが先生の熱意じゃないんですか。校長先生がずっと言い続けている熱意じゃないんですか」。

午後十時三十分ごろまで約二時間。学校に対する不満が渦巻き続けた。ただ、こんな意見もあった。「中日新聞の夕刊に『周りの大人は何もできなかった』とあります。子どもを見守るのは学校、家庭、地域です。学校だけが責められるのはどうか。私たちが考えることは、在校生が繰り返さないことです。自分の子どもだけを守るのではなく、地域で守ることも必要です。よその子どもも感じ取って、親も一緒に頑張ってみようじゃありませんか」

学校側のあいまいな説明にやり切れなさが漂う中、この発言に対して場内から一斉に拍手がわいた。

「他の子が捕まらないのはおかしい」

「先生はどうして、いじめにあっている生徒には『我慢しなさい。やり返すな』というだけなの。いじめは終わらないのに……」

遊軍の小坂井文彦記者が五千万円恐喝事件取材班に入った四月十二日夜のことだった。社会部に送られてきた一枚のファクスが目に留まった。逮捕された少年グループによるいじめを記した少女の文字。学校に対する批判も順序立ててつづってあった。主犯格の少年が逮捕されて一週間が過ぎ、社会部にはたくさんの手紙やファクス、電子メールが届いていたが、扇台中学校の生徒自身から被害実態を伝える便りは初めてだった。ただ、淡々とした文面からは、少女自身がいじめに遭っていたことまではうかがい知れなかった。ましてや、自分を傷つけるまで精神的に追いつめられていたとは……。

小坂井は有珠山噴火に揺れる北海道伊達市で恐喝事件の一報を聞いた。噴火した三月三十一日に有珠山入りしたものの小康状態に入り、名古屋へ引き上げる前日だった。

北海道から戻り、残っていた取材を済ませて取材班に加わった。その取材初日、加害少年宅を数軒回って夜半に本社に戻った時、読者からの手紙やファクス、メールの整理を担当していた西署回りの竹上順子記者から「これ、他の加害少年の実名も書いてますよ」と一枚のファクスを手渡された。B5のリポート用紙二枚に二十三行。かわいらしい文字とは裏腹の厳しい内容だった。

「恐喝事件で逮捕された三人以外にもまだいるのに捕まらないのは変だと思います。中三の女子も〇〇、〇〇、〇〇、〇〇（実名）の仲間がいて、恐喝したお金でカラオケ、ゲームセンターなど遊ぶ時に一緒にいました。この四人が平気な顔をして学校に来るのを見るとむかつきます。学校の先生も『知らなかった』と言ってるけどうそばかり。暴走族の仲間もいるのに見て見ぬふり。先生に言っても全然だめです」

小坂井は「すぐに自宅まで行こう」と思う半面、「少女なら女性が取材したほうが良いだろうか」とも思い、迷った。この日は午後十時を回っており、とりあえず竹上が翌日電話をしてみることにした。

「中日新聞の竹上と言います。昨日、娘さんからいただいたファクスの件でお電話いたしました」

「え、なぜ自宅がわかったんですか」

翌日午後六時すぎ、竹上がかけた電話の向こうからは驚きの声があがった。実は匿名の便りだったが、ファクス機に電話番号が登録されていたためファクスには番号が記載されていた。

応対した母親は一瞬のためらいの後、「いいですよ。すべてをお話した方が良いと思いますし」と応じてくれた。竹上ではなく、小坂井が取材に行くことも快諾してくれた。夕方のラッシュで本社から緑区まで一時間はかかる。小坂井はタクシーを急がせた。

辺りはもう暗くなっていた。迷惑にならないようにと、少し離れたところにタクシーを止め、新築間もないマンションに歩いて向かった。呼び鈴を鳴らすと細身の母親が出迎えた。案内された居間のいすに小坂井が腰掛けると少女も姿を見せた。ぽっちゃりとした愛らしい顔。ただ、それよりも首の辺りのやけどかかぶれのような傷あとが気になる。

丸いテーブルを囲んで、左側に少女、右側に母親が座った。少女はちょっと緊張した面持ちだった。最初のあいさつでもペコリとおじぎをしただけだった。

「扇台中のいじめについて詳しいようだけど、そんなに知れ渡っていたの。友達がいじめに遭ってたのかな」

返答をしかねてもじもじする少女。代わって母親が口を開いた。

「……実は娘自身がいじめられていたんです」


つらい回想が始まった。

少女はこの四月から二年生になっていた。五千万円恐喝事件が表面化し、世間の注目を浴びた「おかげ」で、扇台中でのいじめはなりをひそめていた。少女がいじめを受けていたのは一年生の時の話だ。

加害者は一歳年上の上級生の女子四人。五千万円恐喝事件で逮捕された少年らの「取り巻き」で、放課後、男女五、六人で集まってはよく遊んでいたという。「子ギャル」の格好をした準主犯格Bの「恋人」も四人のうちの一人だった。

殴られたりしてけがをさせられたことは一度もない。ただただ陰湿な嫌がらせを毎日のようにされた。

「ちょっと待て」。廊下ですれ違えば呼び止められ「おまえ、むかつくんだよ」。「何もしてない」と答えると、にらみつけられ「ございませんと言え」とまた因縁。顔を合わせないように逃げ回れば、げた箱で待ち伏せされて「何で逃げた」と突き飛ばされた。

少女はうつむき加減で途切れ途切れに話す。嫌な思い出だけに話すことにあまり乗り気でない。かたわらの母親が話を続け、「そうだよね」と言われ、「そう」とうなずくことが多かった。

少女は小学校時代にも四人から廊下をふさがれたりするいじめに遭っていた。そんないじめも四人が小学校を卒業して会う機会がなくなるのと同時に終わった。ただ、四人はこう言い残していた。

「中学校に来たら、いじめたるでな」

その言葉通りだった。少女は中学進学の際、内心おびえながらも、「一年も前のことなど覚えてないか」と良いほうに考えていた。その認識は甘かった。

「なんで私ばっか……」

疑問の答を知る機会を得た。夏休みが過ぎ、少女は四人の一人と学童保育で一緒だった同級生と仲良くなり、「ねえ、なんで私をいじめるのか聞いてもらえないかな」。同級生もそのいじめっ子と気軽に話せる仲ではなかったが、友人の頼みとあって、それとなく電話で尋ねた。

「あいつは威張って歩いているように見えるから」

「そんな理由なの……。威張ってるつもりはなんてないのに」

同級生から教えられた少女は、あまりの理不尽さにがく然とした。

少女は学校の力に頼らず自分の力で解決しようと思っていた。それには訳がある。

小学校の時、四人だけでなく、同級生にもいじめを受けたことがある。会うたびに嫌みを言われたり、いわれのない悪口を陰でささやかれた。少女は思いあまって担任の先生に相談。しかし、担任の言葉は予想もしないものだった。

「気のせいだろう。おまえの勘違いだよ」

内容をよく聞きもしないうちに決めつけられた。

「でも、いじめられてます」。仲裁を求める少女の願いはまるで聞き入れられない。ようやく仲裁をしてくれることになったが、担任の取った行動はさらに予想もしないものだった。

授業前、いきなり担任が少女に立つように言った。

「クラスのだれにいじめられてるのか言いなさい」

「え?」

クラスメート全員の前での突然の質問。言いよどんでいる少女に担任は詰め寄った。「なんだ、いないいじゃないか」。

意を決して少女は「○○さんです」と名指しした。

「おまえ、いじめてるのか」

「してません」。名指しされた同級生の一言で、いじめはなかったことになった。担任にばれないように嫌がらせは卒業まで続いた。

少女は教師に不信感を募らせた。「でも、小学校と中学校は違うかもしれない」。昨年暮れ、少女は意を決して母を伴って中学校の担任教師にいじめを打ち明けた。

担任は話を最後まで聞いてくれた。が、回答は「何も言い返しちゃいけません。知らんぷりしなきゃ」。まったく納得のいかないものだった。

もともと、少女は言い返していない。四人もの上級生に言い返せるわけがない。いじめにどう対応して良いか考えあぐねていた母も腹を立てて担任に言い寄った。

「じゃあ、私が相手の親に電話でねじ込みます。いいですか」

「やめてください。ことを荒立てないでください」

学校側は校内の問題を解決する能力を失っていた。逮捕された三年生の少年たちが授業をサボって校舎わきでたばこの煙をくゆらせていても、教師は「おまえら何やっとんだ」と言って通り過ぎるだけだった。教室の窓際に座っていた少女はそんな場面を頻繁に見ていた。

気の弱そうな生徒が逮捕少年たちに囲まれているシーンも少女はたびたび目撃した。もちろん教師が通りかかることもあった。「あの子が五千円脅し取られた」「万引してでもカメラを持ってこいと言われた」。生徒たちの間では、恐喝も周知のことだったが、学校側からは何の指導も注意もない。見て見ぬ振りだった。

「いじめを学校側も認識していた」。少女がそう確信するのは毎週の全校集会での訓示だ。

「今、学校ではいじめがあるけれど、みんな大人なのでやめましょう」と校長は呼びかけた。

「そんなセリフを吐いたって、いじめがやむわけないじゃない。先生たちだってわかってるのに。学校はちゃんと注意したって言い訳のためとしか思えない」

最後まで自分を救ってくれなかった学校の対応の話になると少女は怒りをあらわにした。

ある寒い日の朝、母親は少女の体を見て衝撃を受ける。娘の真っ白な肌が赤くはれ上がっていた。つめで激しくかきむしった跡。無意識に自虐的な行動に出ていた。

それまで母親は「言い返しなさい」と少女に説き、できるならば自分自身で解決してほしいと願っていた。そんな母親も担任に会って失望すると「このまま放置できない」と素早い行動に出た。

まず、四人の電話番号を調べた。次いで、娘から四人のグループとしての行動をつぶさに聞いた。

母親は、自ら積極的に行動するのではなく「子分」のようにつきまとっている女子と話すことに決めた。

「もしもし、あんたのいじめてる娘の母親だけど」

「私、いじめてません」

相手はか細い声でこう答えた。

「親を出して」

「私、いじめてません」

「あんたねえ、親に言うよ」

「何もしてません」

「これ以上、娘に手を出したら黙ってないよ。私も仲間集めてあんたたちをやるからね。仲間の子には黙ってなよ」

相手はおびえた様子だった。

「お嬢さんに代わってもらえますか」

少女が受話器を持つと声のトーンが一変した。

「おまえの母さん、何様？　えらそうに」。でも電話の会話はそれで終わった。

翌日、登校しても四人は寄ってこなかった。次の日も、その次の日も話しかけてさえこなくなった。

少女が人づてで聞いたところでは、母親が電話をかけた相手がその日のうちに全員に電話をかけて母親が激怒していることが伝わったという。「一番弱い子を脅し、『黙ってろ』と言えば逆に伝わるだろう」という母親の作戦が結果として功を奏した。ふさぎ込むようになっていた少女に笑顔が戻っていった。


初めはとつとつとしか話さなかった少女も取材を始めてから約一時間半後、自分の身に起きたことを話し終えると饒舌になっていた。引っ込み思案なところはあるが、陽気で明るい子だ。

少女は最後にファクスの言葉をもう一度言った。

「この少年の仲間たちはもっと多いのに、他の子が捕まらないのはおかしい」

加害少年の行動記録

同じ四月十二日、社会部は、扇台中が作成したメモを入手した。そこにはA及び同級生D少年の二人が、今回の被害者以外に対しても、学校の内外で暴行や恐喝を繰り返していたことが書かれていた。学校側は二人の過去二年間（二、三年生時）の問題行動などについて、内容や被害者明などを日付順に詳しく記録していた。

それによると、少年二人は登下校中の小学生をはじめ、同級生や下級生に繰り返し暴行を続けていた。同級生らにけんかや万引を強要したり、今回の被害者以外からも恐喝、校内で金品を盗むこともあった。

彼らの暴走ぶりを如実に示しているメモだった。しかし、学校はここまで問題行動を把握していたのに、なぜ有効な手だてを取れなかったのか。改めて大きな疑問を抱かせた。

メモの主な内容は次の通りだった（A、Dの記載がないのは二少年での行為）。

【一九九八年】六月十六日　Aが同級生の髪を切る▽七月九日　Dが休み時間に一年生の教室に侵入、現金を盗む▽九月九日　下校時の小学六年生の女の子のランドセルを背後からける▽同十六日　登校時の小学三年生の女の子の腹を正面からける▽九月三十日　Aが公園で同級生と下級生にけんかをさせる▽十月八日　二人とも家出▽同十二日　同級生にゲームソフトの万引を強要▽十六日　万引させた生徒を呼びだし、暴行▽同十七日　万引させた生徒を無理に、Aの家に泊めさせ、頭髪を切る▽同十八日　この生徒に弁当を万引させる▽十一月七日、八日　同級生に暴行▽十一月十八日ごろ　コンパクトディスクを大量に万引▽同十九日　上級生と殴り合う

【一九九九年】一月十一日　オートバイなどを運転▽同二十五日ごろ　モーターバイクを盗む▽三月一日　校外で同級生とけんか▽四月十三日　Aが同級生を殴る▽五月六日　公園で三年生と二年生にけんかをさせる▽五月中旬—下旬　Aが二年生から二回に分けて現金二万三千円を取る▽六月二日　修学旅行先で、五千万円事件の被害者を「ジュースで帽子を汚した」と威嚇▽同十九日　Dが本を大量に万引▽六月二十一日　下校時の同級生に言いがかりをつけて暴行、カネを奪う▽六月三十日　二年生を脅す▽十二月二日　Aらが二年生数人に暴行

四人目の少年逮捕

A、B、Cの三人が逮捕された後、しばらくは何人の加害少年がどういう形で立件されていくのかが、愛知県警本部を担当する中西英夫キャップ以下の五人と、中署を担当する清水の関心事だった。県警、中署の幹部や捜査員を相手にしての夜回りで、扇台中三年生で腕力ではAに匹敵していたというDの逮捕のタイミングをはかる緊迫したやりとりが続いていた。学校側がAとともにその

問題行動をメモに記録していた生徒だ。

「そろそろですね。明日あたりですか?」

「明日はない」

「あさって?」

「もう少し遅れるかも。検察サイドの考えもあるし」

「次はDでしょうね」

「悪いやつから捕まえていくつもりだけど、捜査の都合で順番が入れ替わることはあるからね」

「こちらの取材では、Dも相当荒っぽいやつだったみたいですね。容疑には傷害も?」

「傷害は入らない」

「やってないんですか?」

「そんなことはない。(殴るそぶりをして)やっとる」

「じゃあ……」

「傷害をつけるためには医者の診断書がいる。だが、被害少年が病院に行って診断書を取ってるのは(Aらによる傷害で入院した)二回だけ。その二回にはDは関係していない」

「引っ張る時は任意か(逮捕状を取って)朝から突っ込むのか」

「まだ方針は出てないが、これだけ報道されている話となると、任意というパターンはないでしょう」

四月十二日の中日新聞朝刊の紙面には次のような記事が載せられた。

「**四人目の少年、逮捕へ**」

中学生五千万円恐喝事件で、愛知県警は新たに少年一人を恐喝の疑いで逮捕状を取り十二日にも逮捕する。逮捕者は四人目になる。

逮捕されるのは被害少年と同級生だった高校生D少年（十五歳）。調べでは、Dは遊び仲間の少年と共謀、昨年六月下旬に「先輩の内緒だった話を他のやつに話しただろう」と被害少年に言いがかりをつけて脅し、現金十九万円を脅し取った疑い。被害少年はお年玉をためた自分の農協貯金を二十万円おろしてDらに手渡し「ちょっとでも減らしてほしい」と懇願して、一万円だけ返してもらったという。被害少年が突然、一人で農協に来て多額の貯金をおろしたため、窓口の職員が不審に思って少年の母親に連絡し、母親が扇台中学校と緑署に相談するきっかけになった。

Dは十二日の朝、逮捕された。これを伝える夕刊には、中学校が作成した問題行動メモの記事も掲載されていた。

緑署は知っていたのか

深夜の名古屋都市高速道はガラガラに空いていた。まもなく日付が変わろうとしていた。

「緑署は知っていたんじゃないですか?」

緑署担当の加藤美喜は、タクシーの後部座席に身を沈め、最初に切り出す質問を頭の中で何度も反すうしていた。四月十一日。社会部のデスクの指示を受け、緑署に向かう途中だった。

この一週間、社と署との間を何十回となく往復した。事件が発覚した四月五日以降の、署の対応に思いをめぐらせながら、車窓の外をじっと見つめた。

その日は朝から緑区内で取材を続け、夕方からは緑署が別の同級生の少年たちの被害届を放置していた問題を取材し、愛知県警本部の少年課と緑署を行ったり来たりしていた。夜の緑署の記者会見を終え、県警本部担当の有賀と本社五階にある社会部に戻ったのは、すでに午後十一時を過ぎていた。

社会部の中央にある六、七人掛けの丸テーブルに座り、取材ノートをめくって県警本部少年課と緑署の説明を頭の中で整理していると、テーブルの向かいにいた遊軍の中村清記者が何か慌ただしく原稿を打っている。中村は当時、少年たちの通っていた中学校の取材を担当していた。

連日にわたり、何人もの記者が手分けをして、警察や学校、市教委、同級生とあらゆる方面からこの事件に関する取材をしていた。「何か、また新たな事実がわかったのだろうか」。中村のパソコン画面をのぞき込んだ加藤は、その原稿の内容に衝撃を受けた。

「えっ、なんですかそれ！」

書かれていたのは目を疑う話だった。被害者の母子が九九年七月一日、緑署に初めて相談に訪れた際、加害少年三人の実名を挙げ「かけマージャンで負けた借金などで五十万円を返した」と説明していたというのだ。学校にもその内容は伝えられていたという。

緑署担当の加藤にとって、寝耳に水のニュースだった。

学校側や元担任教師のそれまでの説明では、被害少年は七月一日、遅刻して登校。学年で「ワル」というレッテルを貼られていた少年と連れだって遅刻してきたことが気になった担任が、少年と母親を学校に呼んで事情を聴いたところ、少年が母親に黙って約五十万円を農協の貯金から引き出していたことがわかった。学校は「緑署に相談に行くように」と指導するにとどまり、少年から恐喝の事実や具体的な名前は挙げられなかった、としてきた。

一方、緑署は、七月一日の相談対応についてはこう繰り返していた。「被害少年と母親は七月一日の午後に来署し、生活安全課の少年係長が応対した。まず母親と少年が一緒に一時間、次に母親に席を外してもらって少年だけに一時間、計二時間話を聞いた。しかし、少年は『お金はゲームやジュース代に使った』と答え、いじめや恐喝の事実はいっさい言わなかった」。

しかし、中村が学校関係者から直接電話で取材した話によると、少年は緑署員に「かけマージャンで負けた借金などで五十万円を返した」と話し、恐喝事件の加害少年三人の名も告げた。署は少年から聴いた内容を学校に説明した上で、「金の貸し借りでは事件にならん」などと伝え、学校は「どうして事件化してくれないのか。これ以上踏み込めないと思った」と指導に気弱になったという。

この学校関係者の話がもし本当なら、緑署は事件の大変な端緒を逃していたことになる。七月一日の緑署への相談は、被害者側が、警察に助けを求めた最初で唯一の行動だったからだ。事件の発表以来、七月一日の緑署の対応について加藤は署の幹部に何度もしつこく確認してきたが、署からそんな話はまったく出ていなかった。

中村はすでにパソコンに向かって原稿を完成させようとしていた。デスクも「一面で行くぞ」と朝刊の差し替え準備にかかっている。慌ただしい雰囲気の中、加藤だけが「ちょっと待ってよ」と取り残された気分だった。

「緑署はまだ認めてませんよ」

加藤の言葉にデスクがすかさず反論した。

「学校は、自分の不利になることをわざわざ認めたんだ。信ぴょう性があるじゃないか。緑署は隠してたんじゃないのか。どうなってるんだ」

加藤は言葉に詰まった。「すぐに署に行きます」。頭の中は、騙《だま》されたという悔しさと、そんなはずはない、という二つの思いが渦巻いていた。

加藤が緑署に到着すると、駐車場には他社の黒塗りのハイヤーが数台残り、まだ二木署長が中にいることを告げていた。加藤は正面の自動ドアをくぐり、すぐ左手のソファに向かった。事件発覚以来、そこが報道陣とのやりとりの指定席になっていた。

ここ数日で常連となった記者たちの顔が見えた。窓側を背に座っていた二木署長が、足早にドアから姿を現した加藤の険しい顔を見て言った。

「今度は中日さんか、まだ何かあるかね」

署内の時計が午前零時半をさしていた。朝刊の最終締め切りが午前一時三十分。加藤は努めて何食わぬ顔で、他社の記者と二木署長のやりとりを聴きながら、一対一で話せる順番をギリギリまで待った。いよいよソファが空き、加藤は中村が書いた原稿を握りしめ、質問をぶつけた。

「七月一日の相談時に、緑署はA（主犯格）らの名前を聞いていたんじゃないですか」

「何だって？」

「被害少年が、かけマージャンの借金などで五十万円を返した、と話しているはずです」

「そんなことはないぞ。まったくない」

唐突な加藤の質問に、二木署長は一瞬戸惑った表情を見せた。二木署長は七月一日の相談時に署員が書いたメモなどを根拠に、再びはっきりと否定した。

「雑談の中で、被害少年と仲の良い友達として三人の名前は出たそうだ。しかし、それは今回の加害少年ではない」「話を聞くための誘い水として、『AとDは知ってるか』と当時不良として把握していた二人の名を出したが、被害少年は軽くうなずくだけだった」。署長は少年の様子まで身振りで示しながら、担当署員から聞いた当時の会話のやりとりを一言ずつ再現した。大きな声で、一つひとつの言葉をかみしめるように、真剣な顔だった。

「本当に名前が出ていたら、絶対に事件にしているよ。うちの事件にできなかったことが、本当に悔しいんだ」

緑署は中署に事件を〝取られた〟形になっていた。その悔しさを本音で語る署長が、うそをついているようには見えなかった。

結局、署の返答はこれまでと同じだった。釈然としない思いと、ほっとした思いが加藤の中で交錯した。「署長が知らないだけかもしれない」という気持ちは依然残った。署長は問題の七月一日から二カ月後の昨年九月に着任しており、他の幹部もこの三月異動で代わったばかりの人が多かった。真実は当時の担当署員と少年しか知らないのだ。しかし、二人はいっさい外部には口を閉ざしていた。

最終版の締め切りが迫っていた。加藤は聞いた通りの署長の談話を電話でデスクに吹き込んだ。再び高速を飛ばして本社に戻ると、朝刊最終版の試し刷りができていた。一面トップに「三人の実名緑署は知っていた　昨年七月少年明かす」と六段抜きのベタ黒見出しが踊っていた。署長の『否定談話』が、小さく載っていた。

「この見出し、『緑署は』じゃなく、『学校は知っていた』にならないですか」

これまで緑署を取材してきた印象では白とも黒とも言えず、灰色だったからだ。輪転機が回り始めるまで、あと一、二分。デスクは周囲の情報を総合的に判断し、「緑署」を見出しに取る方向でゴーサインを出していた。「でも、一方が否定しているのに断定するのはおかしい」。土壇場、加藤の猛烈な主張で、「三人の実名緑署は知っていた」のメイン見出しに、それがあくまで学校側の説明だとする『 』がついた。肝心の署にウラがとれないまま、加藤にも複雑な思いが残った。

食い違う学校と警察

七月一日の緑署の相談対応については、その後各方面から新たな動きが出て、めまぐるしい展開となった。

学校は翌十二日の午前、元担任が残した指導記録を元に会見し、「緑署に事件化してほしかったが、中途半端な指導は（火に）油を注ぐ（さす）と言われ、その後の対応が鈍ってしまった」と述べた。元担任のメモには、「（被害少年が）警察でやっと話をし、A、D、Bの名が出てきた」などと記されていた。朝刊紙面を裏づけるような会見内容で、あらためて緑署の一言で学校側は「指導を弱気になった」ことを残念がった。

ところが同日午後には、現在退職して北陸地方に住む元担任が、中日新聞の取材に「指導記録は三月に入って書いた引き継ぎメモ。私自身は七月に三人の名前は聞いていない。メモには推測も入っている」と学校の会見に反論した。学校の主張の根底がゆらいだ。名古屋と北陸を挟んで、紙面上で「ああ言った、こう言った」が展開された。

この証言を受け、学校は再び説明を一転させた。「三人の名は緑署から聞いたのではなく、こちらが少年から聞いて緑署に伝えた」と主張を覆した。学校は七月一日に担任、学年主任、生活指導主事が母子から事情を聞いた後、学校側から同級生三人の名を挙げ、「金を払ったのはこの三人だろう」と問いただしたところ、少年がうなずいたという。学校は母子に緑署に行くよう助言し、母子とは別に生活指導主事が同じ日のうちに同署を訪れて三人の名を説明した上で「口の重い子なので、よく話を聞いてほしい」と頼んだという。

しかし、緑署は「被害少年本人から三人の名は聞いていないし、学校からも聞いていない」と一貫して否定を続けた。

本来、地域で連携していかなければならないはずの学校と警察が、こんなに食い違った主張を続けること自体が信じられなかった。

すでに警察発表から一週間が過ぎたのに、学校側は元担任と電話でさえ確認をとらないまま、新しい説明をしては、再びそれを二転三転させた。

少年からの「ＳＯＳ」はなぜ届かなかったのか。その問題提起に向かい合う姿勢は学校にも警察にも、とてもあるように思えなかった。紙面も事件そのものから離れ、ＳＯＳの放置をめぐって緑署の対応を追及する形が続いた。

加藤は取材の合間、二木署長たちに駆け寄って「学校にきちんと確認をしたほうがいいのでは」と話をした。しかし、署は「水掛け論になる」と、学校の主張にあえて異を唱えず、独自に否定を繰り返した。

十三日、緑署に追い打ちをかけるまた別の記事が夕刊一面に載った。被害少年が中署に被害届を出す三週間前の二月下旬、学校は被害少年と病院で同室だった男性から、少年が多額の恐喝をされていることを電話で告げられ、少なくとも被害が二千万円に及ぶことを確認した。学校は緑署に、その内容を伝えたが、緑署は「本人が来なくてはどうにもならない」と事件処理をしなかったというのだ。

社会部の県警本部担当、さらには学校関係者の複数から確認された、確かな筋から出てきたニュースだった。しかし、署の幹部から返ってくるのはこれも完全否定の言葉だった。「本当に、そんな話はないよ」。事件の前から知っている署員たちの表情は、どれも真剣そのものだった。加藤は混乱し、また一方でほっとした。

名古屋市内でも郊外に近く、ふだんは他紙の記者がめったに訪れることはない緑署に、加藤は地元紙の担当記者としてこれまで何度も足を運んでいた。ある程度の信頼関係はあると思っていた。

しかし、今回の事件に関しては、雲をつかむような手応えしか感じなかった。

そして、十三日午後にはとうとう、被害少年の母から証言が出てきた。七月一日の相談時に「署員が加害者の名を告げた」と弁護士に打ち明けていたのだ。被害者側から、緑署の対応について話が出てきたのは、初めてだった。決定的なインパクトがあった。

大西正一弁護士によれば、まず署員が母親を室外で待機させ、少年と一対一で事情を聴いた。少年は署員から被害について尋ねられると「お金を貸した」と説明し、話の中で逮捕された加害少年ら三人の名が出た。聴取後、署員は母親と一対一で聴取内容を説明した。この際、署員は母親に加害少年三人の名を告げて「(少年が)けがでもしないと事件にならない」と話したという。

母親は「警察に相談したのに事件として取り扱ってもらえなかったことが悔しい。けがをしないと動かないという対応はおかしい。裏切られた気持ちです」と心境を弁護士に打ち明けた。

母親は、報道陣の取材をずっと拒否し続け、弁護士を通してのみ気持ちを伝えていた。しかし、直接ではなくても、母親から語られた言葉は貴重だった。「悔しい」「裏切られた気持ち」という母親の言葉は、緑署にとっては厳しい批判となった。

七月一日という日は、母子にとって、警察から遠ざかる決定的な日だった。相談から自宅に帰った少年は、待ち受けていた加害少年らに「チクッただろう」と暴行された。用水路に落とされそうになるなど、「殺されるかもしれない」とさえ思ったという。少年は、恐怖心からその後いっさい抵抗をせずに金を払い続けた。母子は、八カ月半後の三月十四日に自宅から遠く離れた市内中心部の中署に被害届を出すまで、緑署に助けを求めることは一度もなかった。

弁護士を通じて聞く母親の話は、被害者という立場の声として、大きな重みがあるように思えた。緑署の主張とははっきりと食い違いがあった。署側の「最初は母子二人に話を聞き、次に母親に席を外してもらって少年と一対一で話を聞いた」という説明すら、母親の主張では「署員と息子が一対一で話した後、署員と自分が話した」となっていた。

学校、元担任、緑署、母親の四者の言い分を連日取材し続け、加藤は訳がわからなくなっていた。いったいだれが本当のことを言っているのか。食い違いの溝は埋まることはなく、真相はまさに『藪の中』になっていた。

昨年七月一日、または今年二月下旬の段階で、緑署は加害者を把握していたのか。四月十三日、愛知県警は、その答えは否定したまま、生活安全部長らが「緑署の対応が不十分だった」と陳謝の記者会見をした。「その後電話を一本でもかけるなど、フォローをすべきだった」との理由だった。

すでに正式に本部の監察チームが入って緑署の対応問題を調べていた。本部の監察が入った以上、当時の担当署員に直接話を聞いて検証する、というのはもう不可能だった。警察という「組織」を経由して出てくる答えに、どれほどの信ぴょう性があるか、疑問だった。

会見後、加藤が再び緑署に戻ると、署員が市民からの抗議電話に辛抱強く答えていた。署の対応問題がクローズアップされてから、一日平均数十本の抗議電話がかかっていた。それを警務課のたった数人の署員が一手に受け続け、頭を下げていた。「一生懸命やっている警察官もおります」。それは本当にそうだと思った。

一カ月後の五月十一日になって、県警少年課は七月一日の対応に関する調査結果を発表した。教師が事前に緑署を訪れ、「三人の名を伝えて捜査を依頼した」という学校側の主張は、あらためて否定された。署員が少年の母親に「金の貸し借りでは事件にならない」などと説明した事実は認めたが、「あくまで一般論として」だった。

放置された勇気

事件の発覚から、ちょうど十日後の夜だった。太田登君（仮名）は緑区の自宅マンションの玄関先で、中村の取材に応じていた。スタートして間もない高校生活に疲れているのか、色白の顔はちょっぴり眠たそうに見えた。

「逮捕された少年たちに、太田君も以前に暴力を振るわれたことがあるよね。その時のことを教えてほしいんだけど」

中村が問いかけると、太田君は玄関のドアの上あたりをじっと見つめながら、一年半前の記憶の糸をたぐり寄せた。二日前にも一度、自宅を訪ね、母親に取材の目的を告げていた。そのせいか、太田君は中村と初対面にもかかわらず、すぐに「あの日」の出来事を語り始めた。

太田君は、一連の恐喝事件の被害少年や加害少年と同じ中学の同級生。事件は、中学二年の二学期に起きた。一九九八年十一月七日の土曜日。午前中の授業の間の休憩時間に「ちょっと、一緒に来てくれ」と仲のいい友人に呼ばれた。

南校舎一階の階段前まで行くと、AとD、他に五、六人の生徒たちが集まっていた。

「やっばい」

太田君は心の中で叫んだ。友人を使って狙った生徒をおびき出すのはAたちのいつもの手口だ。

「おれのことを『はげ』って言っただろ」

Aが唐突に言いがかりをつけてきた。まったく身に覚えのないことだった。

「言ってない……」

そう答えた直後に、Aの左パンチが太田君の右頬に飛んできた。たった一発で目の前が一瞬、真っ白になった。Aのパンチの強さは学年で一番という評判だった。まともに食らえば、だれでも一撃で倒された。

ぐらっときた太田君は、Aに学生服の襟首をつかまれた。ひざで腹をけり上げられて前のめりになると、今度は背中にかかとが落ちてきた。その場に倒れ込むと、顔や背中を蹴られた。

殴られる理由がまったく、わからなかった。

「何でこんな目にあうんだろう」

体中の痛みに耐え、恐怖や悔しさで混乱する頭の中で考え続けた。

Ａからの暴力は、実は中学一年の三学期ごろから始まっていた。学校の廊下ですれ違いざまに「お前はストレス解消マシンだ」と殴りつけられたこともあった。太田君とＡは小学校が別々で面識がなく、理由もきっかけもわからなかった。

太田君は顔立ちが整っていて、女子生徒に人気があった。東京の大手プロダクション主催の新人タレントオーディションに応募し、書類選考を通過したこともあったという。その辺がＡには「ムカつく奴」に映ったのかもしれなかった。

Ａが太田君を袋だたきにしている間中、周囲にいた遊び仲間の生徒たちは黙ってニヤニヤしながら見物していた。しばらくすると、Ａが太田君に「行っていい」と告げた。何の脈絡もなく始まった暴力は、唐突に幕を閉じた。

顔を冷やそうと思い、氷を保健室にもらいに行く途中で、太田君は生徒指導担当の男性教師とばったり顔を合わせた。

「どうしたんだ、その顔は」

「Ａに殴られた」

太田君は素直に説明した。はれ上がった顔を冷やして教室に戻り、その後も授業を受けた。

その日は放課後に再び、ＡとＤから学校の近くの池に呼び出された。

「なんでチクったんだ」

「Ａのパンチが痛くないと言ったらしいな」

午前中はA一人からの暴行だったが、今度はAとDの二人がかりになった。顔を殴られ、腹や胸、背中を何度も足で蹴りつけられた。暴力はエスカレートし、さらにAから現金まで要求された。

「夜、オレの家に来いよ。十五万円持ってこい」

「うちは門限とか規則が厳しいから」と太田君は必死に言い訳して、その場をなんとか逃れた。ところが夜になって、太田君の自宅の電話が鳴った。Aからだった。「何で来ないんだ。近くの小学校まで来い」とAはドスのきいた声で脅してきた。

電話の近くで、息子とAとのやりとりを聞いていた母親は、息子のおびえきった姿にピンときた。

「様子がおかしい。いじめられているのでは……」

「Aの家に遊びに行く」と言い張る太田君の自転車の後を、母親は自動車でゆっくりついていった。ところがAはその夜、自分で指定した小学校になぜか姿を見せなかった。親子は緊張感から解放され、自宅に戻った。

三日後の十一月十日、太田君は校内でDから因縁をつけられた。

「(小学校に)来なかっただろう。はったりを言うな」

顔や頭、背中を蹴られ、頭を切った。けがをして学校を早退した太田君の異変を、母親は見逃さなかった。「ただいま」という声に元気がなく、何気なく頭をなでたら傷やこぶをつくっていた。

「母さんに見つかった。もう隠せないし、あいつらの暴力を我慢できない」

太田君は二日ほど思い悩んだ末に、これまで自分がAやDから受けてきた一連の暴力の数々を母親に告白した。殴られても蹴られても泣かなかったが、母に話している間は悔しさと情けなさからずっと涙が止まらなかった。告白は二時間にも及んだ。

息子の口から次々と明かされたいじめや恐喝の事実。中学校で日常化していた暴力の実態に、母親はただ驚くしかなかった。日ごろから息子とはよくおしゃべりをする関係だった。「息子のちょっとした変化に自分が気づき、息子が口を開いてくれたのは、ふだんからの親子関係のおかげ」と母親は感じた。

母親は、すぐに学校に電話を入れた。翌日、親子二人で学校に行き、受けた暴行の数々を教師に説明した。

ちょうどそのころ、A、D両少年による問題行動はどんどんエスカレートしていた。太田君以外に、別の同級生も二人から暴行を受け、Aの自宅で頭髪をモヒカン刈りにされた。小学生の女児二人は登校や下校の途中に突然、自転車に乗ってきた二人から腹や背中を蹴りつけられた。

訴えに耳を傾けていた教師は、地元の緑署に被害届を出すように勧めたという。

「別の生徒も被害にあっている。警察に届ければAとDは捕まるだろう」

教師からそう言われても、警察に届けることは太田君にとって勇気のいる決断だった。当然、AとDには「学校と警察にチクった」ことがばれてしまう。どんな仕返しをされるかわからない。学校で顔を合わせるのが怖い。

しかし、太田君は「警察に解決してもらえるなら」と決意した。このまま黙っていても、またあいつらにやられるだけだ。それなら、できる限りの抵抗を試みよう。そう思った。

土曜日の午後、自宅近くの交番に母親と行き、約六時間にわたって暴行の経緯や状況を詳しく説明した。「交番で話しているところをAやDに見られたらどうしよう」と内心、怖くて仕方がなかった。辺りをうかがいながら緊張して話しているのに、相手の警官は「この場にAとDを呼んで注意してやろうか」と、のんびりした口調で言った。自分の危機感が全然伝わっていない、と太田君はがっかりした。

数日後、学校まで迎えに来てくれた父親の車で緑署に行った。校門付近に立って、こちらをうかがっていたAを父親がにらみ返してくれた。Aの姿を見て、あらためて警察ですべてを話す決意を固めた。緑署では生活安全課の捜査員に二、三時間の事情聴取を受けた。病院の診断書も提出し、暴行の内容を詳しく説明した。太田君は「自分の話をちゃんと聞いてくれた」と思った。

その後、署員二人と緑署の車に乗り、犯行現場の学校に行った。最初に暴行された南校舎一階の階段前と、三度目の暴行現場である校舎南側の駐車場に行き、署員が現場写真を撮影した。

警察への届け出を終えても「よかった」という気持ちと「仕返しが怖い」という気持ちが半々だった。その後、学校でAと顔を合わせた時に「何で警察に行ったんだ」とにらまれたが、手は出さなくなった。

中村は、太田君がAとDから暴行を受けた時の生々しい話に衝撃を受けていた。五千万円恐喝事件の被害少年が暴力におびえ、言われるままに現金を払い続けた理由の一端をかいま見た気がした。警察に被害届を出すこと、そして、その場ですべてを語ることは仕返しを恐れる少年たちにとって、大人には想像できないほどの勇気がいる。

太田君は振り返る。

「お金を払えば殴られずに済むなら、払ってしまう気持ちもわかる。でも百円や二百円じゃ済まないし、絶対にエスカレートすると思った。被害少年が取られた額はその千倍や一万倍ですからね。あの時、十五万円を払っていたら、自分に対しても被害少年のように（暴力と要求金額が）エスカレートしていったんだと思う」

太田君の勇気ある「告発」は、五千万円恐喝事件の発端となった、被害少年が最初に加害少年グループに脅された三年生の修学旅行より半年ほど前のことだった。加害少年が同級生を殴って金を要求するという事件の構図はまったく同じだ。少年事件は全件を検察庁に送検することが原則のため、本来なら太田君の事件も緑署が捜査後にAとDを書類送検し、家庭裁判所の審判で処分が決まるはずだった。

ところが緑署はA、Dの二少年から事情聴取したにもかかわらず書類送検せず、事件処理を怠っていたことが五千万円恐喝事件の後になって発覚した。

今回の五千万円恐喝事件で逮捕された加害少年グループから暴行や恐喝を受けたとして、九八年七月から今年三月まで一年半あまりの間に九件の被害届が緑署に出されていた。緑署はこのうち、太田君の事件も含めて三件について立件せずに放置した。

緑署担当の加藤の取材に対し、緑署は太田君の事件を放置した理由を次のように説明した。

「十一月十日午後の三回目の暴行現場について、被害者の太田君は『校内の駐車場』、Dは『校庭』と異なる供述をし、特定できなかった。また（両事件後の）病院の診断書だけでは、七日にAとDから受けた暴行によるけがか、十日にDから受けた暴行によるけがかわからず、傷害容疑をDだけに負わせるか、A、D両方か特定できなかった」

傷害容疑と暴行容疑では罪の重さが大きく異なるため、確かに慎重さが必要だ。しかし、その点をしっかりと捜査で詰めることが、まさに警察としてのプロの仕事のはずだった。

中村は警察の言い分に対する太田君自身の反論も聞こうと思い、前回の取材から二日後の四月十七日にもう一度、自宅を訪ねた。

事件が放置された理由を中村から告げられると、太田君はしばらく言葉が出なかった。そして、やっと口を開いた。

「ちゃんと事件にしてほしかった。どうしてなんですか？　悔しい……」

自分が勇気を出して届け出たことで二人の暴力事件は立件され、何らかの処分が出たんだと、太田君はずっと思い込んでいた。だから今回の五千万円事件を聞いて「なんでAとDは自分の事件の後も反省せずに同じことを繰り返したんだろう」と不思議に感じた。

「ぼくは被害の内容を何時間も説明した。警察が放置した理由に納得がいきません。結果的に加害少年グループを野放しにした」

太田君も家族も、この事件が立件されていなかったことを五千万円事件後の新聞報道で初めて知った。まさか捜査だけして棚ざらし状態になっていたなんて思いもよらなかった。「あの勇気と決断は何だったんだろう」と思うと、太田君は心の底から怒りがこみ上げてきた。

「野放しにした」という太田君の厳しい言葉に中村はちょっと驚いたが、太田君の警察に対する不信感、加害少年たちが自分の事件後も別の同級生たちを次々に暴行し、脅していたことへの無念さをストレートに表現した言い方だった。

警察の言い分に対し、太田君は毅然と反論した。

「暴行の現場が特定できなかったなんて……。ぼくは現場まで警察の人と一緒に行って説明したんですよ。警察には撮影した現場写真があるはずです。いつ、だれの暴行でどこをけがしたかまで詳しく説明しました」

「あの時に事件にしてくれたら、AとDは反省したんじゃないでしょうか」と話した太田君の言葉が中村の胸を突いた。「緑署の放置問題」は、これまでの取材で頭では理解していたつもりだった。しかし、当事者である太田君の話を聞いて、その後の五千万円事件へと拡大していった影響の大きさが、あらためて腹にドスンと響いた。

緑署は放置問題の発覚からわずか二週間後の四月二十五日、三件の捜査を終えて少年四人を書類

5000万円事件の1年前にあった暴行傷害事件で
被害少年が警察に証言した暴行現場

送検した。同署は五千万円事件で逮捕されていたA、D両少年を再度、取り調べ、事実関係を確認して捜査を終えたという。やればできた、ということを自ら証明してしまった。五千万円事件前に同じことをしていれば、少年たちの暴走に何らかの歯止めをかけることができたはずだ。事件の後にやり直しても、それは単なる帳尻あわせ以上の意味はない。「勇気を放置した代償」は、あまりにも大きかった。

「あいつは奴隷だった」

「奴隷だよ。奴隷。『グッチ（被害少年のニックネーム）は俺たちの奴隷だった』と言ってるんだわ」

深夜十一時。名古屋市内のラーメン屋で、清水記者のグラスにビールを注ぎながら、ある捜査員が吐き捨てるように言った。

「金づるとか、パシリとかじゃなくて？」

「金づるなんて難しい言葉、あの連中が使うと思うかい？」

「友達という認識じゃなかったわけだ……」

「そんな甘い関係じゃない」

「一緒にスキーに行ったりもしてたんでしょ？」

「Aの部屋から押収したスキー旅行の写真を見て涙が出そうになった。グッチ君が笑ってるんだ。連中（加害少年ら）とグッチ君が並んでるスナップ写真なんだけど、殴られて顔がぼこぼこに腫《は》れたグッチ君が、それでも笑ってるんだよ」

「………」

「旅行中、ほかの連中の荷物を持たされたり、ちょっとでもなれなれしい態度を取ると理由もなく

第4章「連鎖」

家宅捜索を受ける少年達が通った風俗店

殴られたりしていたんだ。それでも写真を撮る時は楽しそうな顔をしないと、また殴られるから、無理矢理に笑顔をつくったんだ。そんな気持ちがわかるかい？」

皿の上の餃子をはしの先でつつきながら、清水は、この捜査員への次の質問を考えた。「奴隷」だけでは、被害少年に救いがなさすぎる。

「ちょっとは反省の言葉も言ってるんでしょ？」

「そりゃあ、反省してますと調書には書いてあるさ。お決まりだもの。でも、『やりすぎました』だってさ……それを読んで、僕は腹が立って。（恐喝の）程度の問題だと思ってやがる」

清水が編集局へ戻ったのは午前一時過ぎ。デスクが、コンピュータ画面でなにやら原稿をいじくり回している。どうやら彼の満足いくニュースがなくて機嫌が悪いらしい。後ろから肩を叩いた。

「奴隷と言ってます」

「えっ？」

「Aは被害少年のことを『奴隷』と供述してるそうです」

「『金づる』とかじゃないのか？」

「そんな難しい言葉、連中が知ってると思いますか？」

清水は捜査員の言葉を繰り返してみた。

奴隷――あまりにひどい言葉だ。しかし、Aたちが被害少年をどのように扱っていたか、この一言がすべてを物語っている。

デスクは、二、三秒間考え込み、うなずいた。

「連載企画に取っておくか……いや、これはニュースだ。やっぱり明日組みでいこう」

四月十九日朝刊に、次のような記事が載せられた。


「あいつは奴隷だった」　主犯格少年、取り調べで供述　対等な関係許さず

名古屋市緑区の少年が市立扇台中学校三年生当時に、同級生らに総額約五千万円を脅し取られた事件で、主犯格のA少年が愛知県警少年課などの調べに対し、被害少年のことを「おれたちの奴隷だった」と供述していることが十八日、わかった。A少年は「やりすぎた。反省しています」とも話しているが、「深い反省はうかがえない」とする捜査員もいる。

調べでは、A少年ら扇台中の不良グループは中学二年生在学中に少なくとも二回、被害少年に五千円ずつ借りた。この金をなかなか返さなくても抗議されず、被害少年から「二、三十万円の預金がある」と聞き出したため「もっと取ってやれと考えた」という。

昨年（九九年）六月一日から三日の修学旅行でA少年の白い帽子に「ジュースをこぼして染みをつけただろう」と被害少年に言いがかりをつけ、同月二十一日に十九万円を脅し取ったのが、一連の恐喝の始まりとみられる。

その後、暴行、恐喝は被害金額が約五千万円に上るまで七十―八十回にわたって繰り返されていた。その一方で、恐喝の被害金額が雪だるま式にふくれ上がっていた卒業前の今年二月、犯行グループから「スキー旅行に行こう」と誘われると、断らずに同行。周囲からは「同じグループの一員」とも見られていた。

旅行中、グループは少年を仲間外れにすることもなく一緒に行動していたが、少年がより親密な態度をとろうとすると突然「調子に乗るな」と逆上し、体にたばこの火を押しつけてやけどを負わせるなど、対等な関係を許さなかった。

今月五日に恐喝と傷害の疑いで逮捕されたA少年は、取り調べ中に「あいつは、おれたちの奴隷だった」と少年と自分たちとの関係を淡々と振り返ったという。痛みをもたないまま巨額の金を脅し取っていた背景には、こうした心理の動きもあったとみられる。

「手切れ金」五百万円

四月二十日午後十一時過ぎ。中署担当の清水は名古屋市近郊にある捜査員宅の前を行ったり来たりしていた。

「夜分、本当に恐れ入りますが……」。捜査員のマイカーが車庫に戻っているのを横目でにらみながら、インターホンを鳴らしたのは三十分ほど前のことだ。

「今夜は遅くなると連絡がありました」と奥さんの声。

「わかりました。また参ります」

居留守か、同僚と一杯やっているか——。どちらにしても待つしかない。ほかの捜査員の家に転戦するには、時刻が遅すぎる。

「あと一時間だけ粘ってみよう」。清水が煙草に火をつけたとたん、浴衣姿の捜査員が玄関から出てきて周囲を見回し始めた。清水は小声で呼びかけた。

「今晩は」

「……やっぱりいたか。たまには早く帰れよ。赤ん坊がいるんだろ？　泣いてるぞ」

「Eを逮捕へ、と明日の朝刊に出るもんで、とりあえず報告を、と」

捜査員の顔にあきれたような笑みが浮かんだ。

「どこで聞きつけたんだ？　確かにフダ（逮捕状）は取ったけど」

「容疑は恐喝だけ？」

「そう」

「単独（の犯行）？」

捜査員がますますあきれ顔になった。

「朝刊に出しますよって、まるで知らないじゃん」

「実は……」

「仕方ないなあ」と苦笑しながら、捜査員は一気に語った。

「AとBと共謀。昨年十月下旬。現場は緑区内。正確な場所は勘弁して」

ぺこりと頭を下げて立ち去ろうとする清水を捜査員が呼び止めた。

「手切れ金のはずだったんだってよ」。捜査員はぽつりぽつりと語り始めた。


AとBら扇台中学校の不良グループと、緑区の別の中学校のEは中学二年生のころ、カラオケボックスで知り合い、遊び仲間になった。

被害少年が「ちょっと脅すと金を出す」とAらに聞いたEは、Aより一、二カ月遅れて昨年夏から被害少年を殴って金をたかるようになった。
E、A、Bの三人がAの自宅に集まり「そろそろやばい。だれかにばれるかもしれん」と相談したのは十月中旬の深夜のこと。
「ぼちぼちお開きにするか」

「最後だから、たくさん取ってやろう」

「俺は三百万」

「俺は二百万でいい」

「俺も」

この夜、三人はAの自宅近くの公園に被害少年を呼びだし「俺たちと縁を切りたいか？」と話しかけた。

「はい」

「じゃあ、手切れ金で七百万円出せ」

「そんなに払えないよ……」

「そうか。無理なら五百万円でいい」

約十日後の十月二十八日午後、EとAの二少年は被害少年から五百万円を受け取り、ほぼ折半した。

清水は、近くに止めたハイヤーに戻った。「本社へ」と運転手に告げ、携帯パソコンの電源を入れた。

「五人目の少年に逮捕状　手切れ金で五百万円」

見出しを頭に浮かべながら、朝刊デスクに電話をかけた。

「五人目を逮捕へ、を最終版に入れます。手切れ金のつもりだったという話もあるんで、書き込みたいんですが」

「今日はちょっと厳しいな。いろいろ（ニュースが）あるんだ」

清水は思いだした。Aが調べに対して「いらいらした時に被害少年を何となく殴った」という原稿も出している。加害少年らが暴行の動機として、金を脅し取るためでなく、被害少年をストレス解消のはけ口にしていたことをうかがわせる重要なエピソード。早版から掲載しているから、最終版だけ落とすわけにもいかない。

「五十行以内で何とかならんか? それ以上はとても入らんぞ」。走り始めたハイヤーの中で、デスクの注文に「わかりました」と答え、清水は原稿を打ち始めた。しかし、手切れ金の話を中途半端な形で盛り込むことはやめた。

明日、Eが逮捕された後の警察の発表で「手切れ金」のエピソードが明らかにされないことに賭けた。

翌二十一日の朝刊に「五人目の少年に逮捕状」が掲載された。夕方、Eは逮捕された。Aらが逮捕された四月五日から家出をしていたが、自宅近くの喫茶店で捜査員に見つかった。警察は、Eの自宅から、E自身が被害少年を恐喝した日時と金額を記したメモを押収。午後八時三十分から中署でレクチャーが始まった。

「不良グループ構成員による多額恐喝事件です。中警察署、緑警察署は県警本部少年課と生活安全特別捜査隊の応援を得て、不良グループによる多額恐喝等事件を捜査しているところですが、本日、新たにグループのメンバー一人を恐喝で通常逮捕しました……」

金田副署長が淡々と容疑の内容を説明した。清水は金田副署長の口から今にも「手切れ金」の話が出るような予感がして気が気でなかった。出てしまえば、特ダネを一晩寝かせた自分を悔やんでも悔やみきれない。説明の後、記者たちからの質疑応答でも、その話は出なかった。

「よし」。そう思ってノートを閉じようとした瞬間、「実は…」という別の幹部の声が聞こえた。次の言葉に清水は声を失った。

「その五百万円は手切れ金のつもりだった、とAは言っております」

絶望的な気持ちになった。他の記者たちが、手切れ金に集中してぶつける質問も耳に入らなかった。「なぜ、無理を押してでも昨日の最終版に押し込まなかったんだ」。後悔の念が頭の中をぐるぐると駆けめぐっていた。会見が終わったときは、全身から力が抜けたようで、がっくり肩を落としたまま、しばらくは原稿を書く気にもなれなかった。

二時間後、清水は捜査員の一人と会っていた。あれから気を取り直して、発表文を読み返した時、一つだけ気になることがあった。発表文には、脅した日は「十月中旬」と日時を特定せずにぼかしていたが、金の受け渡しは「十月二十八日」と特定していた。片方だけ、明示してあることが気になり、確かめておきたかったからだ。

「いいところに気づいたね」。捜査員はにやりと笑って「十月二十九日で思い当たることはないか?」と問い返した。「中日さんもつかんでいる話だよ」。

少しの沈黙の後、捜査員が「大阪だよ」と言ったところで清水はピンときた。

少年たちが、遊びに行った先の大阪から名古屋までタクシーで帰ってきたことを思い出した。それが、手切れ金の受け渡しがあった翌日の十月二十九日だったのだ。発表文の意味ありげな日付は特ダネへのヒントだった。

「日帰り旅行だったですよね？」

「そう」

「一日で五百万円使ったとか？」

「いや……。ヘルスとか、ブランド品とかで、百万円ぐらい。残りの金は名古屋に戻ってから一カ月ほどで使い切ったらしい」


手切れ金のはずだった五百万円を手に、A、B、Eの三人は新幹線で大阪に出かけた。ファッションヘルスで遊び、高級ブランドのアクセサリーや服などを買い込み、この一日だけで百万円近くを浪費。残りの金もわずか一カ月で使い切った三人は、遊ぶ金に困って再び恐喝に手を染めた。その後の要求額は百万円単位になっていった。いったん恐喝をやめようと決心したことが、犯行をエスカレートさせる結果につながった。

匿名ファクス

「こんなファクスが来てますけど……」

四月二十三日深夜。夜回りを終えてほろ酔い加減で編集局に戻ってきた清水に竹上順子が声をかけた。事件が表面化して以来、社会部にはすでに千五百人を超える読者から意見や情報が寄せられていた。西署担当の竹上は、取材班では「読者の声」を担当。社会部の丸いテーブルで、手紙やファクス、電子メールのすべてに目を通し、紙面で紹介する作業に追われていた。

竹上が首をかしげながら清水に手渡したファクスには、力強いペン字で、こんな文章が書いてあった。

〈県警はA、B両少年をE少年と敢行した恐喝事件で再逮捕する方針を固めた。勾留期限の切れる二十五日までに再逮捕する予定。B、E両少年はグッチ（被害少年）からタカッタ金でブランド品『グッチ』の時計を購入していた模様〉

清水の表情が固まった。

「だれから流れてきたの？」

「わかりません。匿名だもの」

「これ、当たってるよ」

二十五日、ファクスの情報通りにAとBは再逮捕された。高級ブランド「グッチ」の時計の情報も、その後、紙面化された。

県警の捜査員か、加害少年の関係者か。このファクスの送り主は謎のままだ。

翌二十六日には、扇台中で被害少年よりも一学年上だった二少年が逮捕された。これで逮捕者は七人になった。

県立高校定時制二年F少年（十六歳）と土木作業員G少年（十六歳）。扇台中を卒業した後も、当時のAらと遊び仲間だった。Fは以前から被害少年に「百二十万円よこせ」と要求していたが、被害少年が金を出さないため、Gと共謀して恐喝に及んだ。今年二月九日午前七時五十分ごろ、A少年宅に無理やり泊めさせられていた被害少年を路上に呼び出し、Gが「お前、Fの金どうなっとんだ」と脅し、タクシーで被害少年宅まで連れて行き、Fが百二十万円を受け取った。二人は昨年夏ごろから恐喝を続けており、総額は約四百万円に上った。

タバコの火で脅され

その頃、中村と小坂井の両記者は名古屋市緑区に連日、足を運び続けた。逮捕された加害少年たちの同級生は既に何人も取材していた。しかし、恐喝や暴行に直接加わったり、その場に居合わせた少年から、どうしても話を聞きたかった。

果てしなく暴走する少年たちの危うさは知っているつもりだった。たまり場は大人にとって無法地帯にもなる。簡単には取材できないだろうと考えると、気が重くなった。

ある晴れた日の午後。加害者グループの一人だった少年が住む団地の前で、二人は張り込み取材に入った。自宅が留守だったため、団地の棟の間の通路にあるベンチに腰を下ろした。

待つこと約三時間。突然、茶髪の若い三人組がミニバイクに乗ってやってきた。中村も小坂井も、取材対象である少年の顔を知らなかった。三人組の一人に、小坂井が声をかけた。

「きみ、もしかして○○君じゃない？」

「うるせー。人に名前を聞くときは、自分から名乗れっ！」

「中日新聞の記者で小坂井というんだけれど、○○君だったら話を聞かせてもらえないかな」

どの少年も、つり上がった目で小坂井をにらみつけるだけだった。怒鳴った少年は二人の記者に向かって、小声で「死ね」とだけ言うと、玄関のドアをばたんと閉じた。取材対象の少年の家だった。

高校の授業が終わった夕方ごろから、団地前には別の茶髪の仲間らが四人、五人と集まってきた。団地の通路は不良少年たちのたまり場のようだった。

彼らは記者から離れたところでバドミントンをして遊んでいた。どの少年が取材相手の子なのかわからない。中村も小坂井も取材のタイミングをうかがいながら、彼らの顔を見つめていた。

「中日の記者らしいぞ」

少年たちも遠巻きにこちらの様子が気になるようだった。仲間の人数がいつの間にか十人ほどにふくらむと、ベンチに座る二人の方へ少しずつにじり寄ってきた。

「お前ら、うざいんだよ。帰れっ！」

「お前らがいると○○の家のイメージが悪くなるじゃないかっ！」

一人の少年がチューイングガムをくちゃくちゃいわせ、ニヤっと口元をゆがめて中村の前まで来た。

「ほら、ほらほらほら」

中村の左目のほんの先まで、タバコの真っ赤な火を突きつけた。眼球に熱を感じ、「やめないか。危ないだろ」と左手で振り払おうとした。しかし少年は、なおもタバコの火を目の前でゆらゆらと揺らした。

別の少年が、鼻がくっつくほど小坂井に顔を近づけ、怒鳴っていた。

「帰れっ！　帰れって言ってんだよ！」

静かな団地に怒声が何度も響き渡った。小坂井は相手の顔をじっとにらみつけ、取材の理由を説明した。しかし、まともな会話にならなかった。二人の記者は一方的に怒鳴りつけられ、タバコの火で脅された。

中村も小坂井も「手は出してこないだろう」と思う半面、危機感も頭をかすめた。

「今日は取材にならない。出直そう」。あきらめてベンチから腰を上げ、その場から歩いて離れた。

「走って、さっさと消えろ！」。背後から、怒声が続いていた。

半日がかりの張り込み取材は、理由のない暴力に阻まれた。いらだちとむなしさだけが記者の心の内に募っていた。

恐喝の「連鎖」

逮捕者が次々と増える中、被害少年に対するとめどない暴行・恐喝の中心にいた主犯格Aが、実は中学校一、二年生当時に上級生から恐喝の被害に遭っていた、という新事実が本人の供述から浮かび上がってきた。事件は暴行・恐喝の『連鎖』という新たな様相を見せ始めた。しかし、Aは恐喝された体験は話したが、自分を恐喝した相手がだれかという話になると「言いたくないことは言わなくてもいいんだろう」と突っぱねた。相手に対する恐怖心か、それとも相手をかばっているのか。さらに、今回の事件で被害少年から恐喝した金を、自分より『上』にいる少年に流しているかどうかについても、この時点ではまだ少年たちはいっさい口をつぐんでいた。「捜査員の勘としては間違いない、とみとるんだが……」。県警の幹部は、歯がゆそうな面もちで、なかなか自分たちの被害体験を正直に話そうとしない少年たちに首をひねった。そして、こうも言った。

「あの学校では、上級生が下級生からカツアゲするのが、伝統みたいになっとったんだわ」。現場取材で在校生の生徒たちから聞いてきた証言とぴたりと一致する内容だった。

記事は四月二十七日朝刊の一面を飾った。

「自分も恐喝、暴行された」　主犯格少年、限度ない暴力は中1の体験と連鎖

名古屋市の中学生五千万円恐喝事件で、主犯格のA少年が警察の調べに「自分も中一のころから、上級生からカツアゲ（恐喝）され、暴行も受けていた」と供述していることが二十六日、わかった。加害者の「被害体験」が暴力の連鎖構造を生み出し、被害少年に対する限度を超えた暴行につながった可能性もあるとみて、慎重に事情聴取を進めている。

これまでの調べに対し、A少年は自分が被害者となった恐喝について「（扇台中の一部の生徒の間では）上級生が下級生を恐喝するのが当たり前だった。自分もカツアゲされる時は殴られた」と振り返った、という。他の少年たちも、過去の恐喝・暴行の被害体験について同様の供述をしており、暴力の連鎖構造が事件解明のかぎになるとみて、詳しく事情を聴いている。しかし、具体的にいつ、だれに金を脅し取られたのかを聞くと、だれもが一転して「話したくない」などと口を閉ざすようになるという。

A少年と同級生だった男子生徒の一人は、中日新聞の取材に対し「扇台中には代々、恐喝をするワルがいて、A少年はそういう先輩たちと付き合っていた」と話している。

恐喝事件の被害少年が、加害少年に転じる現象について、少年問題に詳しい長谷川博一・東海女子大文学部助教授（心理療法）は「虐げられていた子が虐げる側になるケースというのは、一般的によくある。以前に抑圧された度合いが大きいほど、虐げる対象への怒りや暴力は強まる。今回の恐喝の額、暴力の度合いから、加害少年には上級生に恐喝された以外にももっと長期の抑圧があったのでは。必ずしも抑圧の手段が暴力だけではなく、心理的に追い込まれていったことも大きいだろう。今回の事件はそれに集団性も加わり、暴力がエスカレートしている。加害少年の子ども時代や家族との関係をきちんと整理する必要がある」と話した。

二重恐喝

「連鎖」が明るみに出ると、取材の新たな焦点はAが被害少年から恐喝した数千万円をめぐる『二重恐喝』に絞られてきた。

恐喝した金の使い道として大阪までタクシーで出かけたり、風俗店に出入りしていたとしても「自分たちだけで五千万円もの金を使い切ったんだろうか」という疑問は消えなかった。Aから二重恐喝した可能性が高いとみられていたのが、一学年上のＪ少年（十七歳）だった。Ｊは不良グループの中でも恐れられ、卒業後は土木建築会社に就職したが、一方で暴走族の支部リーダーにもなっていた。ＡやＢには卒業してからも強い影響力を持っていた。しかし、捜査員に対してＡ、Ｂとも中学一、二年のころまで「上級生に殴られたり、恐喝もされた」とまでは話したが、それがだれかは言おうとしない。周辺取材で、Ｊの下級生に対する暴力は、かなり一方的に行われていたことが浮かび上がっていたが、被害にあったはずのＡらが認めない以上、記事にはしづらい。もどかしい日々が続いた。

五月に入って間もなく、小坂井は、Ｊが事件のカギを握るとみて母親（五一歳）の取材を本格的に始めた。

Jは母子家庭で、兄（十八歳）が一人いた。家族は母親が経営する喫茶店の二階に暮らしていた。小さな住まいで、家族三人が一部屋で寝ていた。二階のその部屋は、母親が喫茶店で仕事をしている間は、Jや兄の仲間たちがよく遊びに来ていた。主犯格のAも授業に出ずに、多くの時間をここで過ごしたらしいことがわかってきた。小学校時代にAが家出したとき、その晩に訪ねたのはJがいるこの部屋だったという。時に殴られたりすることはあっても、AはJを慕っていたという複雑な関係が浮かび上がった。

加害少年ら不良グループの『たまり場』とみられたその喫茶店には、事件発覚当初から記者たちがAのことを聞きに来ていた。しかし、母親は「Aはいい子だったよ。あんたたち、何が聞きたいんだい」とぴしゃりと言って、追い返した。女手一つで二人の息子を育て、不良仲間の面倒までみている気丈な彼女には、ちょっとした迫力さえあった。

ある日、小坂井と加藤が二人で、喫茶店のボックス席に座った。店内をじっくり見た。ちょっと古いがこぎれいな喫茶店だった。客の多くは土木作業員や近所の人たちで、飲み物以外には少ないメニューの中からチャーハンや焼きうどんを頼んで、昼休みの時間を過ごす、そんな店だった。息子たちの落書きだろうか、壁には「Ｌｅｔ　ｉｔ　ｂｅ」（レット・イット・ビー）というペンキの落書きがあった。

他の客がいるため、小坂井も加藤も母親に事件のことをなかなか切り出せなかった。空になったコーヒーカップをもて遊びながら、時間だけが過ぎていき、あせりが募った。「悪いねえ、そろそろ（店を）閉める時間なの」。母親にそう言われ、小坂井が意を決して名刺を差し出し、記者だということを打ち明けた。母親の顔色がとたんに変わった。

「マスコミに言うことなんか何もないよ。あんたたちのせいでどれだけ迷惑しているか。店の前でテレビカメラを回したりして、うちの子が犯人と思われてしまう。うちの子が悪いの？」

案の定、とりつくシマもなかった。しかし、母親は一方的に話し続けた。「人の子のことは何も言えない。ただ、とにかく悔しい。なぜ五千万円にもなる前に大人が気づかなかったのか、悔しい」。母親は「悔しい」を何度となく繰り返した。「うちはたまり場だった。自分の子を目の届くところに置いておきたかったから。他人が見たら、不良が出たり入ったり、に見えたかも知れないけれど、うちに来た時はみんないい子でしたよ。タバコは外で吸うよりは、と思ってうちでは黙認だったけど、吸わない子もいた。髪の毛だって黒いままの子もいた」。話したいことは多いようだった。

「わかりました。またお茶しに来ますから」

その日は、それで引きあげた。翌日、小坂井が「昨日はどうも」と言って店にはいると、初めのうちはまともに顔も向けなかった母親が、五分ぐらいもすると「記者さんも大変だね」と話しかけてきた。それからは加害少年の周辺取材の合間に、喫茶店をのぞく毎日となった。他の客がいれば事件の話はしない。小坂井だけの時は自然と事件の話になった。Jに対する疑いも率直にぶつけた。

「息子に聞くと、違うっていうのよ。百パーセント信用していいって。（被害少年から）直接は取ってないっていうのよ。Aちゃんからもらったって。そういうのでも罪になるんだよって教えたんだけど、息子は『わかっとる』って言うだけで」

母親も包み隠さず話しているように思えた。

小坂井が母親の喫茶店で、そんな毎日を過ごしているころ、中署回りの清水は二重恐喝の立件に向けて動き出した気配のある捜査陣の動きに神経をとがらせていた。

二重恐喝の捜査が本格化し始めたのは五月十日だった。Aが取調官に「上に取られた」と供述したのだ。しかし、その「上」は意外にもJではなかった。事件は複雑な形で展開し始めた。

おびえて強盗を計画

五月十日深夜。編集局社会部の丸テーブルで朝刊用の「九人目少年を逮捕　被害者に暴力行為容疑」という原稿を書き上げ、紙コップのコーヒーをすすっていた清水に、県警担当の伊東誠記者が近寄ってきた。

「おい。やっぱりAは極道みたいなのに金を取られてるぞ」

「極道?」

「正確には極道じゃなくて、組事務所に出入りしている兄弟。十代後半だって。(捜査員は)金山総合駅の近くでたむろしてるチーマー(不良少年グループ)だと言ってた」

Aは、被害少年から脅し取った金の一部を暴力団関係者に吸い上げられていた——。この情報は約一カ月前の取材初日から、扇台中学校周辺で聞き込みを続けていた複数の署回り記者からも上がってきていた。

「タクシーの車内でふんぞり返っていたAが、だれかから携帯電話がかかってくると突然、背筋をピンと伸ばし、『はい。はい。わかりました。すぐに持っていきます』と答えていた」と振り返ったのは、あるタクシーの運転手。「金山グループというヤクザみたいな年上の人たちに脅されていたみたい」と証言する元同級生もいた。

もちろん警察も、似たような情報はつかんでいたはずだ。が、肝心のAが逮捕されてから数週間、取り調べに対し、自分も恐喝されていたことについては隠し続けていた。

ある捜査員は推測する。

「『上』は怖いからって供述してる。相手は半分ヤクザみたいな連中。下手に口を割ると、自分がシャバに戻った時に殺される。殺されないまでも、どんなリンチにあうかわからんと考えたんだろう」

「じゃあ、どうして打ち明ける気になったんですかね?」

「調べ官（取り調べの担当捜査員）に心を開いたんじゃないかな。このままだと自分一人が極端な悪者にされてしまう、という意識もあったかもしれん」

兄弟は、暴力団との交際も取りざたされるなど、チーマーの中でも飛び抜けた存在だった。そのグループ名こそ、Jの母親が経営する喫茶店の落書きにある『Let it be』だった。Aは「Cを介してこのグループと知り合った」とこの時は話した。今年二月ごろ、この二人に呼びつけられ、「最近、羽振りがいいらしいな」と脅された。被害少年の話をすると、二人は「こっちにも少し回せ」などと要求し始めたという。このためAは被害少年から新たに現金約八十万円を恐喝し、それを二人に渡していた。この新たな事実は、五月十三日朝刊に特ダネとして報じられた。

チーマー兄弟に脅され続けた主犯格のAは「このままでは兄弟に殺される」と思い詰め、強盗まで計画した。それは、強盗で金を用立てるというより「失敗して警察につかまれば安全」という思いからだった。

Aは二月下旬に八十万円を渡した直後、またチーマー兄弟に呼びつけられて刃物を体にこすりつけられながら「三百五十万円を持ってこい。これ（刃物）で刺したら、死ぬんだろうな……」と脅しつけられた。しかし、被害少年は当時、Aらの暴行によるけがで入院していたため、金を用意できなかった。期限に指定された二十二日夜、せっぱ詰まったAは、Cと一緒にコンビニで刃物を買って、中区の繁華街へと向かった。

しかし、思い切ることができず、訪ねたのは中警察署だった。その時は「追われているので、かくまってほしい」と言っただけで、署員が事情を聴いても何も答えなかった。Aは署から連絡を受けた父親に引き取られていった。その後も、チーマー兄弟から身を隠すために家出をし、県外の親類宅などを転々としていたという。

暴走族リーダー「J」の逮捕

チーマーによる二重恐喝発覚とほぼ同じ頃、被害少年がJから五万円を脅し取られたことを思い出し、取調官に答えた、という情報を清水がキャッチした。夜中過ぎ、社に上がった清水は、社会部の丸テーブルで取材メモをまとめていた小坂井に伝えた。

「Jが被害少年から直接五万円をやってるみたいだ」

小坂井は、数日前にも清水から捜査陣の動きを知らされたとき「二重恐喝はないでしょう。そんなせこいことをしない。あれ（J）はワルはワルでもワルなりに筋が通ったワル。やるなら直接やると思いますよ」と話していた。

小坂井は、被害少年から五万円恐喝という情報に「そんなちゃちなことするかな」と首をかしげた。小坂井の取材では、Jは一学年上の不良グループを完全に仕切っていた。AたちはJの前では蛇ににらまれた蛙のようになっていた。JがAのおこぼれをあずかるというような話はピンとこなかった。

五月十一日、清水は捜査員からさらに肉づけされた情報を得た。「とりあえず立件する最初の容疑は五万円だが、総額は数百万円ある。Aもびびりまくっていたぐらいのやつ。被害少年が黙って差し出すのは当然だ」という話だった。

十四日、決定的な情報が入った。「明日やるよ」。清水は小坂井に伝えた。「やっぱり五万円でやるぞ」。小坂井は「うーん」と言って考えこんだまま、息子のことを信じている母親のことを思った。Jを連行しに来た捜査員を前に、あの母親はどんな気持ちになるのだろう。「あくまで取材対象」と割り切っていたはずなのに、母親の顔を思い浮かべると、言いようのない複雑な気持ちになった。

「暴走族リーダー逮捕へ」の記事が朝刊に載った十五日の昼ごろ、小坂井はJの母親が経営する喫茶店に向かっていた。何ともいえない重苦しい気持ちだった。毎日のように喫茶店に通っているうちに、兄弟が話している様子や、母親が声をかけているところも見た。家族関係もおぼろげながらイメージできていた。「うちは何でも話し合える家族」という母親の言葉にうそはないと思えた。

「Jはやっぱり母親にうそを言っていたんだろうか」

割り切れない気持ちのまま喫茶店のドアを開けた。いつものように「ああ、いらっしゃい」と母親が小坂井を迎えた。しかし、その笑顔はいつもとは違って、こわばって見えた。朝刊をすでに読んでいるのだろう。息子にも問いただしている、と思われた。

母親は事件が報道されて以来、毎朝五時に起床すると真っ先に新聞の社会面に目を通していた。「少年グループは十人」「先輩少年が恐喝か?」。そんな見出しを目にするたびに息子を起こして「これ、あんたのことじゃないの」と詰め寄った。しかし、息子は「俺じゃない。俺は金を取っていない」と繰り返していた。

すでに三週間前の四月二十六日、息子の中学時代以来の親友というF、Gが逮捕されたことも知っていた。FとGの自宅から「刑事が来た」という電話があり、母親が喫茶店の二階で息子と一緒にいた二人に家に帰るように伝えたのだった。家を出る間際、二人はJの母親に向かって「こいつ（J）はやってないから。母ちゃんは心配しないで」と言ったという。

母親は、小坂井が店に入ると注文を取りにくるついでに、そっと新聞をテーブルに置き、他の客に聞こえないように小声で「暴走族リーダーって出てるけど……。うちの子『暴走族じゃない』って言ってるよ」と聞いてきた。小坂井は「うーん、どうかな。警察はそう認定してるみたいだよ」と内緒話のように応じた。

「今日逮捕されるの？」

「わからない。その記事は他の記者が書いた記事だから。『今日』ってはっきり書いてあった？」

「書いてあるよ」

「『今日にも』って書いてなかった？　はっきりしたことは俺にもわからないけど……」

小坂井も清水から正確な情報を聞いているわけではなかった。母親はJの逮捕を覚悟しているようでもあり、小坂井のあいまいな受け答えで「新聞の記事が間違っていてほしい」と祈っているようでもあった。

いったん店を出た小坂井は午後三時半ごろ、再び店に入った。閉店も近く、客はすべて引け、店内には母親しかいなかった。外は小雨まじりになっていた。カウンター席で母親と向き合う形で座った小坂井に母親が「よく降るね」と声をかけた。小坂井も「ほんとだね」と言って、窓の内側から雨空を見上げた。「刑事さんが息子を捕まえにくるのは、夜になるのかなあ」。ぽつりと漏らす言葉から、息子の逮捕を覚悟する一方で、最後まで「何かの間違いであってほしい」と祈る切実な母親の心情が伝わってきた。激しく降ったり、小康状態になったりの雨足は、揺れる母親の心情と同じだった。

その時、喫茶店のドアが開き、Jと兄が入ってきた。戸外での仕事帰りらしかった。二人ともずぶぬれだった。

「母ちゃんと話しとけよ」。兄が弟の肩をたたいて二階に上がっていった。弟は「何を」と答えながらも、『最後の会話』の意味を理解していた。「新しいの、来てる?」。何気ない調子で母親に聞くと、到着したばかりの漫画雑誌を手にして、母親の傍らのボックス席に座った。

母親は突然「この人はね、中日新聞の記者さんなんだよ」と息子に言った。突然の紹介に小坂井は動転した。加害少年グループの頂点に君臨するJと、記者として初めて向き合うことになった。身構えた小坂井の予想に反して、Jは中腰になって「どうも」と会釈して再び席に座った。

母親が言っていた言葉を思い出した。「私は、人との付き合いを大切にしなさい、目上の人には礼儀正しくしなさい、と口うるさく言ってきました。店に入ってきても、顔なじみの人に会えば必ず自分の方から挨拶《あいさつ》するようにって、しつけてきたつもりなんです」。母親のしつけた通りのJの反応だった。

母親は小坂井の目の前で息子を問いただした。

「あんたは暴走族のリーダーなの？」

「違う」

「みんながあんたを怖がっていたの？　慕って遊びに来ていたんじゃないの？」

「そんなのわからんけど……怖がっていたら来ないよ」

「お金を取ったの？」

「取ってない」

息子に対する尋問を小坂井はただぼう然と見つめていた。

短い問答が終わると、母親は「かぜをひくから風呂に入りなさい。お湯をためておいたから」と言って息子に二階へ行くように促した。「早く二階へ行きなさい。お母さんは記者さんと話があるから」。息子は「うん」と言って、階段を駆け上がった。

母親は小坂井の方を向き直り「いま、聞いていただいた通りです。私にわかるのはこれだけです」と、わびるように言った。小坂井から言うことは、もう何もなかった。

重苦しい空気の中で、ふと母親が聞いてきた。

「身内が逮捕されるなんて初めてなんだけど、着替えなんかはどうすればいいの」

覚悟を決めたようだった。

小坂井が店を出る間際、母親は言った。

「あなたにも心配かけますね。息子が連れて行かれたら連絡します」

午後三時五十五分、小坂井が店を出ると、入った時と外の風景が一変していた。男二人の乗った車が店の前に一台止まっていた。店の裏に回ると、別の車が見張っている。逮捕は秒読みだった。

午後四時五分、刑事七、八人が店の裏側の入り口から中へ入った。簡単な家宅捜索や撮影をしているようだった。隣家の店の主人も異変に気づいたようで、ちらちらと喫茶店の方をうかがっている。三十分ぐらいで、前後左右を刑事に固められた息子が出てきた。茶色く染めた長髪をかき上げながら、無表情のままスモークシートで目隠しされた警察のワンボックスカーに乗り込んだ。母親は外には出ず、兄は二階の窓を少し開けて見送っていた。

あっけない逮捕劇が終わると、一分もしないうちに母親から小坂井の携帯電話に連絡が来た。

「今、息子が警察に連れて行かれました。別れ際に、警察で本当のことを話し罪を償うようにと伝えました」

「そうですか。息子さんは何と……」

「わかった、って言ってました」

暴走族リーダーも二重恐喝

Jの逮捕から十日近くがすぎた頃、主犯格のAがJからも二重恐喝の被害に遭っていたことを供述し始めた。一連の事件で、扇台中学校の現役と卒業生による二重恐喝の構図が浮かび上がったのは初めてだった。長年、学校が放置してきた「上級生から下級生に対する恐喝と暴行の伝統」が、五千万円事件の中でも繰り返されていた、ということだった。

被害少年から多額の恐喝を重ねていたAの異変に、Jが気づいたのは昨年秋頃だった。Aの金遣いが荒くなったことから、勘を働かせて「同級生から巻き上げているだろう」と問いつめた。Aはいったんは否定したが、そこで被害少年を呼び出し「Aに金を取られている」と聞いて激怒。Aに「うそをついたな」と言って、分け前を要求するようになった。その額は数百万円に上り、原資はすべて被害少年から恐喝した金でまかなわれていた。Aは「実際に脅し取られたのは数十万円だけ。大半は、おごってくれとか、金を貸してくれと言われて渡した」と供述した。

Jのことを逮捕後、二週間以上も伏せていた理由について取調官から聞かれると、Aは「上（先輩）は怖かったから」と話した。一方、Jは「被害少年から直接取るよりもAから間接的に取った方がばれにくいと思った。直接とっても大丈夫だとわかってからは、そうするようになった」と供述した。五万円の恐喝で逮捕されたJの余罪は、被害少年から単独で直接取った四百万円に加え、Aから二重恐喝をしたり共謀して被害少年から恐喝した分を含め、合計千三百万円を超えた。Jは「被害少年を脅したことはない」と言い張った。しかし、Jに「金を貸してくれ」と言われ、差し出した被害少年が一度だけ「いつ返してくれるんですか」と恐る恐る尋ねたことがあった。この時、Jは「うんうん」と生返事だけでまともに相手にしなかった。被害少年も、怖くてそれ以上は聞けなかったという。

三重恐喝の構図

そんなＪ自身も恐喝されていた。中区のチーマー兄弟からだ。Ｊは取調官に「三百万円をチーマー兄弟の弟の方に渡した」と話した。Ａから二重恐喝したＪの上前をはねる、三重恐喝の構図だった。Ｊは昨年五月に、このチーマーのグループ『Ｌｅｔ　ｉｔ　ｂｅ』に兄の紹介で加わっていた。ＡもＪの紹介で昨年十月にグループに所属させられていたことがわかった。Ａはチーマー兄弟について「ヤクザともつながりのあるとんでもなく怖い人たちだ」と取調官に話した。やはりＡへの二重恐喝容疑で指名手配された兄弟は、行方をくらましたままだ。

警察では、こうした多重恐喝の構図が、末端で同級生同士による恐喝をエスカレートさせたとみて多重恐喝の全体像の解明を進めた。

二重恐喝の構図の中で新たにわかったのは、チーマーなど十代後半の不良グループが主催するパーティの券を、加害少年のグループが買わされていたことだった。「パー券」は暴力団ともつながりのあるこうした不良グループの資金源になっていたとみられ、被害少年が恐喝された五千万円のうちのいくらかが、最終的に暴力団に渡った可能性もあった。Ａ、Ｂ、ＣとＪの四人は、それぞれ家族や同級生らからパーティ券を束で持っているところを見られていた。

「殺される」

被害少年が、なぜ加害少年グループのとめどない要求に従って、五千万円ものお金を払い続けたのか。その背景の一端が九人目の逮捕者となる二学年上のアルバイト清掃作業員I少年（十七歳）の逮捕容疑でわかった。それまでの恐喝ではなく、Iの容疑は「暴力行為」だった。

それは、被害少年が母親と学校に相談に行った昨年七月一日のことだった。加害少年の一人が、被害少年と母親が連れだって学校に相談に来たところを目撃し「やばいことになった」とAらに連絡。そこにIも加わり、被害少年の自宅の近くで待ち伏せをした。

学校側から「警察に届けた方がいい」と言われた母子は緑署へ向かい、その後、学校に再度寄ってから自宅に戻った。Aらは、母親に見られないように姿を隠し、外から携帯電話で被害少年を呼び出した。バイクに乗せて、公園に連れていき、殴ったり蹴ったりした後、公園のわきを流れる愛知用水の高さ二メートルのフェンスに無理矢理のぼらせ、下から何度も被害少年の体を押し上げて用水に落とそうとした。

被害少年が「何も話していない」と必死で説明したが、許さなかった。被害少年は「殴ったり蹴られたりしたことよりも、川に落とされそうになったことが怖かった。あの時は本当に殺されると思った。あれから逆らえなくなった」と話した。死の恐怖こそが、被害少年を絶対服従に追いやった最大の要因だったのだ。

第5章「処分」

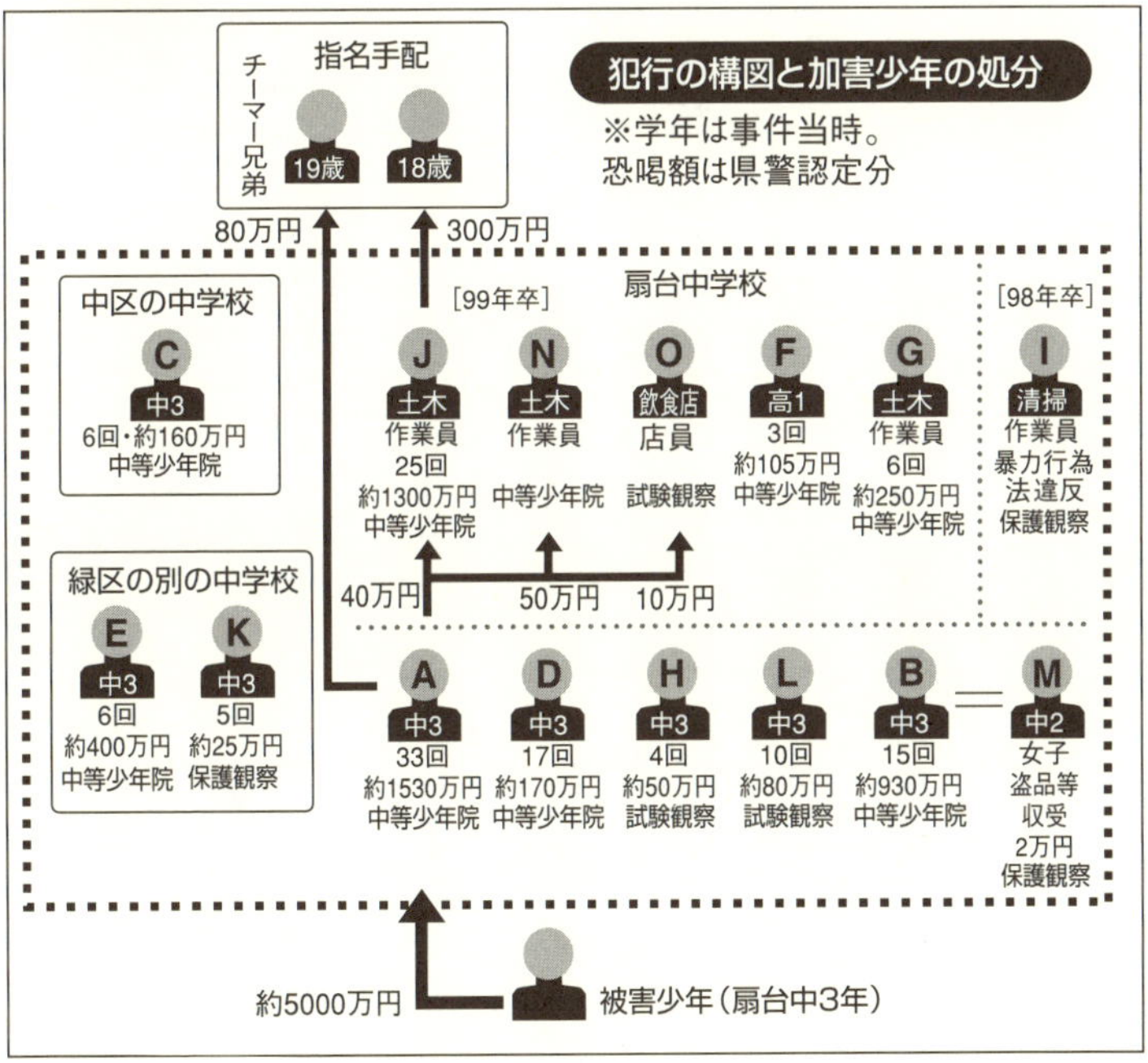
犯行の構図と加害少年の処分
※学年は事件当時。
恐喝額は県警認定分
指名手配
チーマー兄弟
19歳
18歳
80万円
300万円
中区の中学校
C
中3
6回・約160万円
中等少年院
緑区の別の中学校
E
中3
6回
約400万円
中等少年院
K
中3
5回
約25万円
保護観察
扇台中学校
[99年卒]
J
土木
作業員
25回
約1300万円
中等少年院
N
土木
作業員
中等少年院
O
飲食店
店員
試験観察
F
高1
3回
約105万円
中等少年院
G
土木
作業員
6回
約250万円
中等少年院
[98年卒]
I
清掃
作業員
暴力行為
法違反
保護観察
40万円
50万円
10万円
A
中3
33回
約1530万円
中等少年院
D
中3
17回
約170万円
中等少年院
H
中3
4回
約50万円
試験観察
L
中3
10回
約80万円
試験観察
B
中3
15回
約930万円
中等少年院
M
中2
女子
盗品等
収受
2万円
保護観察
約5000万円
被害少年（扇台中3年）

地検「刑事処分が相当」

主犯格Aと準主犯格Bの拘置期限の五月十六日が迫っていた。平田浩二、三沢典丈の司法担当記者二人は、名古屋地検の夜回りで「家裁送致の際に『刑事処分相当』の厳しい意見書をつけるかどうか」のウラを取る取材を続けた。

「今回のは（刑事処分相当の意見書をつける）限界事例になるかも知れないよ」

拘置期限が切れる数日前、検察関係者の一人は、こう表現した。

家裁送致の際、検察官は少年の年齢や犯行の態様、非行歴、反省の程度などを総合的に判断して▼保護観察▼教護院・養護施設送致▼少年院送致▼刑事処分——などの処分意見を付けることができる。刑法は十四歳以上に刑事責任を認めているが、少年法は十四、十五歳について「特別な配慮が必要」との理由から刑事罰を科さないと定め、犯行時ではなく家裁の処分時の年齢で処分が決定される。「刑事処分相当」の意見をつけるケースは一般的に▼少年の年齢が高い▼殺人などの凶悪事件▼少年院送致を繰り返し少年法の保護処分では更生が困難▼否認事件——などに限られる。

つまり、通常は十六歳以上で殺人などの凶悪な犯罪を犯した少年しか「刑事処分相当」の対象にはならない。A、Bは逮捕後に十六歳になったといえども犯行時は刑事責任を問われない十五歳。しかも犯行を認めている。凶悪犯罪とまでは言えない恐喝事件で意見書がつけば異例のことだ。

●少年事件処理の流れ

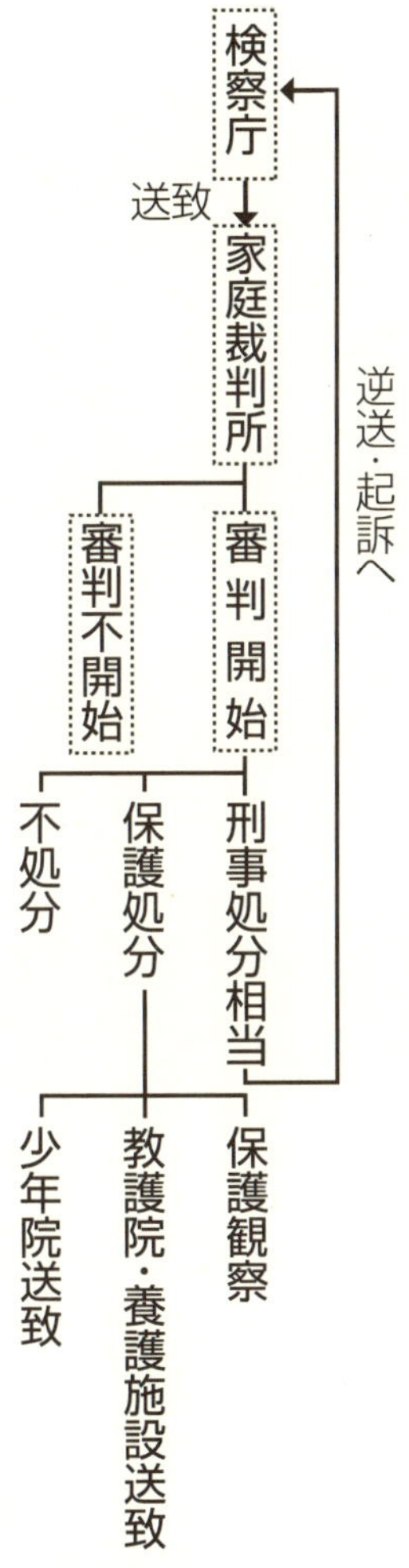

「長期にわたって暴行を加えながら執ように金を脅し取った手口や動機、社会的な影響を考慮すれば、逆送すべきだろう」。少年事件に詳しい検察官はそう話した。逆送とは、家裁が「刑事処分相当」と判断して検察庁に逆に送致すること。その場合、検察庁は改めて少年を起訴し、大人と同様の刑事裁判が行われることになる。

そして彼は「断っておくがね」と言って、こう念を押した。

「少年法改正論議や、最近増えている少年犯罪を考慮して恣意的に厳しい意見をつけるということではない。事件をじっくり捜査した結果だ」

家裁送致される十六日当日の朝刊一面トップに「主犯二少年に『刑事処分相当』 名地検、送致意見で方針」という特ダネ記事が掲載された。

午前十一時から記者会見した地検の熊沢孝次席検事は、記者からどのような処分意見をつけたのか問われると、苦笑いした。

「それは言えません」

少年法の規定に基づき、少年審判が非公開で行われることを尊重して、検察庁は刑事裁判の求刑に当たる処分意見を公表していないからだ。

「中身はともかく、その意見をつけた理由を教えてください」

記者が食い下がると、熊沢次席検事は神妙な表情で言った。

「A、B二人はグループのリーダー、サブリーダー的な立場だった。他の加害少年に比べると恐喝した金額が圧倒的に多く、さらに大けがをさせるまで殴るという犯行の内容を考慮して決定した」

そう言って、口元を引き締めた。

少し間をおいた後、記者の一人が「つまり」と言って尋ねた。

「それらを考慮すると、他の少年よりも重い処分意見にせざるを得なかった、ということですか」

熊沢次席検事はにやりと笑みを浮かべて言った。

「それを言ったら、どんな意見をつけたかわかっちゃうじゃない」

検察サイドからは、最後まで「刑事処分相当の処分意見をつけた」という明確なコメントは出なかった。しかし、当局との『禅問答』による会話にたけた記者たちは、会見後、一斉に夕刊や昼のニュースの原稿に「刑事処分相当の意見つけた」と書き込んだ。

十二人で百三十回の恐喝

六月五日、愛知県警少年課と中、緑署は五千万円恐喝事件の捜査をほぼ終結したとして全容を発表した。被害少年を恐喝したのは計十二人。恐喝の延べ回数は、これまで被害少年の証言に基づいて積算してきた八十回を大幅に上回り、最終的には百三十回にのぼった。被害総額五千万円のうち、被害少年と加害少年の記憶が明確な約二千万円分を立件し、残りの分は供述調書や上申書の形で検察への送検資料に添付した。

加害少年を個別に見るとAが三十三回で計約千五百三十万円と最も多く、続いてJの二十五回、約千三百万円、Bの十五回、約九百三十万円となっていた。さらに脅し取った金の使い道についても明らかにされた。パチンコやタクシー代、ファッションヘルス、ラブホテルなどの風俗店、高級ブランド品……個人別は次の通りだ。

A　パチンコ、タクシー、オートバイ、ブランド品、旅行、ヘルス、ベッド、ビデオ、ホテル

B　旅行、タクシー、ブランド品、ゲーム、飲食、電器製品、ホテル、カラオケ、日焼けサロン、腕時計、彼女へのおごり

C　アクセサリー、服、パチンコ、タクシー、日焼けサロン
D　パチンコ、ゲーム、飲食
E　タクシー、パチンコ、ヘルス、ソープ、旅行、オートバイ、ブランド品、飲食、電話
F　パチンコ、ヘルス、アクセサリー、服、タクシー、財布、靴
G　パチンコ、タクシー、ゲーム、腕時計、飲食、ヘルス、眼鏡
H　旅行、ゲーム、コンビニ、ブランド品、ボード用品
J　ヘルス、タクシー、パチンコ、おごり、腕時計、服、旅行、飲食、オートバイ用品
K　服、パチンコ、タクシー、ゲーム
L　パチンコ、カラオケ、服、財布、靴

発表の席では中署の金田副署長が事件の背景にある少年非行の問題などに踏み込んでまとめたペーパーを読み上げた。

「扇台中の伝統と言いますか……、上級生が下級生を、そしてワルの生徒が力の弱い同級生を脅して金を取っていた。こういう関係が、毎年繰り返されたのは、不良グループが卒業しても、在校生に影響力を持ち続けた、ということもあった」

「当初は被害少年から、いかさまマージャンで巻き上げていた。マージャンで勝ったことにすれば恐喝にならないと考えていたようだ。しかし、次第にまだるっこしくなり、ストレートに恐喝す

るようになった。被害少年が文句も言わずに金を払い続けたため、上級生や他校の不良仲間にもそれが伝わり、集団恐喝、集団リンチの構図が生まれ、さらに加害少年が、もっと力の強い別の不良から恐喝されるという多重恐喝という皮肉な結果になった」

「加害少年らのグループは力がモノを言う世界。先輩の指示や命令には絶対に従うのが不文律。たとえ力が弱い相手でも、先輩からは恐喝しない。それをやってしまうと、力の強い先輩が出てくるから。仲間内のことをチクらない（密告しない）のがルール。チクれば暴力制裁を受ける」

「学校にきちんと通い、勉強ばかりしている生徒は狙わない。そういう生徒はすぐチクるから。被害少年は不良ではないが、勉強ばかりしている生徒でもない。金の貸し借りで何度か巻き上げているうちに、こいつはチクらないという安心感が出てきたのだろう」

「被害額が五千万円にまで上ったのは、被害少年の家にたまたま父親が死去した際の保険金三千万円があり、実家にも母親に一千万円以上の金額を貸す余裕があった。加害少年らは、被害少年宅にどれぐらいの金があるかを知っていたわけではないが、あればあるだけ取る、という体質が被害をここまで多額にしたといえる」

「被害少年の『グッチ』というあだ名は、加害少年らにとって親しみを込めてのことではない。他人に対する思いやりにはまったく欠けている。被害少年をおもしろ半分に『グッチ金融』と呼び、恐喝した金を『グッチ金』と言い合っていた。申し訳ない、という反省の気持ちはうかがえない。やりすぎたので捕まった、という程度の認識しかないと思える」

この日、加害少年グループの周辺にいた生徒のうち、脅し取った金の分け前をもらったとして、一学年下の女子生徒が書類送検された。社会部にファクスで「他の子が捕まらないのはおかしい」と訴えてきた女子生徒が名指しした一人で、準主犯格Bの「恋人」だ。Bが「(被害少年から)金を取ってきた」と話すのを聞いて「いいな、少しちょうだい」とねだり、二万円を受け取ったという。県警少年課では、恐喝した金と知りながら分け前をもらったことが明白と判断し、恐喝ではなく「盗品収受」の容疑を適用することにした。

この結果、これまでに逮捕者は扇台中学校で被害少年と同級生だった四人、一学年上の三人、二学年上の一人、別の中学校の同学年二人の計十人にのぼり、書類送検は、扇台中学の同級生一人、別の中学の同学年一人と女子中学生の計三人となった。

刑事処分見送り

六月八日、A、B両少年の審判が名古屋家裁で開かれた。

Aは白いワイシャツに青いジャージー姿でいすに座り、うなだれていた。逮捕時の茶色い長髪は丸刈り頭になっていた。両親には少しやせて見えた。裁判官の正面に座り、両側の席に父と母。左の壁側に弁護士二人が座った。

非行事実を読み上げられ、Aは「間違いありません」と素直に認めた。時折、「そこはちょっと違うけど……」と口ごもった。裁判官や弁護士の質問に、顔を上げて答え続けた。息子の非行事実を聞いた母親は「こんなひどいことをしていたのか、とつらくなり涙が出てきた。この子をおなかに戻して産みなおして、もう一度やり直したいと思った」という。

恐喝や暴行がエスカレートした理由を、Aは「大金が簡単に手に入ったから」と答えた。「ひどいことをしました。償っていきたい」と反省の言葉も口にしたが、裁判官から「事実の重大性に比して反省の深さに欠ける」と厳しい口調で指摘された。ここまでは「感情表現が苦手」（弁護士）な少年の姿そのままだった。

Aが感情をはっきり見せたのは、父親が最近の家族の苦闘ぶりを語りはじめてからだった。父親の仕事先には、数百通もの嫌がらせのメールが届いた。郵便受けには脅迫状が投げ込まれた。姉は自宅近くで見知らぬ男に後ろから追いかけられた。

ショッキングな父の言葉にAは「ワーッ」と大声を出し、しゃくり上げた。「冷静にいられる」と思っていた母も一緒に泣いた。弁護士が「お父さん、最後に息子さんに一言どうですか」と声をかけた。「頑張るよね」と言う父の目からも涙がこぼれた。Aは「はい」と答えるのがやっとだった。

開廷から約二時間が過ぎ、裁判官が告げた。「中等少年院に送致する」。A少年は泣きじゃくり、父母も審判を終えた安どから泣き伏した。弁護士が「頑張って（少年院で勉強して）きなさい」と肩をたたくとAはまたうなずき、審判廷を後にした。

Aを担当した岩田嘉彦裁判官は「被害少年に対して、八カ月間にわたり、主導的立場で恐喝、暴行に及んだ」と主犯格であることを認定。動機を「金欲しさ、口封じや憂さ晴らしだった」と指摘した。「不良交友の中で身についた暴力肯定的な態度、恐喝行為への抵抗感の低下、密告を許さないとする非行文化特有の価値観がある」として「反省の意を表しているが、事実の重大性に比べて深さに欠ける」と批判、そのうえで、十六歳という年齢から「事案の重大さを認識させたうえ、相手を思いやる意識を植えつけさせることが肝要」と述べた。

また、Bを担当した斉藤大裁判官は「一連の執ようかつ歯止めない恐喝や暴行などの非行に深く関与し、態様や結果は極めて悪質、重大」と指摘する一方、「地域の年長の不良者が年少者に恐喝、暴行することが常態化していた以前からの環境がB少年の規範意識を鈍らせてきた」と連鎖的な恐喝が背景にあった点を重視。「現在の年齢や反省の態度、家庭環境などから、立ち直りの可能性が認められる」と述べた。

裁判所はA、B両少年に「矯正機関で長期の教育を施すのが相当」と結論づけ、少年院による矯正期間を「長期」と指定することで他の加害少年と差をつけた。中等少年院の場合、通常の収容期間は二、三年間だが、「長期」の処分意見がついたことで、二人の収容期間は五年間程度になることもあり得る。名古屋地検は二人に「刑事処分が相当」と検察官送致（逆送）を求める意見をつけて家裁に送致したが、家裁はこれを見送り、少年らの更生の機会を図る判断を下したことになる。

また同じ日、被害少年の一年先輩で百五万円を恐喝した高校生Fを中等少年院送致とする保護処分を決定、五十万円を恐喝した同級生の同Hを保護処分を決めるため自宅に戻し、一定期間様子をみる試験観察とした。

「逆送じゃないんですか」

A、Bの審判結果は、被害少年の代理人の大西正一弁護士から少年本人には電話で、母親には直接伝えられた。母親は、第一声で「(大人と同じ刑事裁判になる)逆送じゃないんですか」と処分に戸惑いを見せたが、「長期の矯正教育が相当」など家裁の決定理由を詳しく説明すると、少し残念そうだったが納得したという。
被害少年は、大西弁護士から中等少年院での教育が相当長期間に及び、当分は社会に出てこられないことなどを説明され、「これでよかったかね」と聞かれると「よかった」と話した。しかし、同じ日に審判があったHが試験観察になったことについては「やだな」と動揺した様子だった。

「被害少年はまだ普通の十五歳が送る生活状況になっていない」

大西弁護士は、被害少年の心の傷がいやされていないことを明かした。

被害少年のもとには、A、B両少年から謝罪文が届けられた。Bの弁護士によると、Bの謝罪文は六月四日に書かれ、被害少年に対し「君の心から僕の存在を消すことが一番だと思う」など、今の気持ちがつづられている。大西弁護士は「B少年の謝罪文には反省の色が非常に強くにじみ出ており、被害者母子も評価をしている。この気持ちを持ち続けてほしい」と話した。

A、B両少年の決定理由要旨

◎A少年

少年は、中学二年の秋ごろより、怠学、夜遊び等が目立ち始め、粗暴な振る舞いも多くなり、ことに、被害少年に対しては、平成十一年六月ごろから、同十二年二月ごろまでの間、少年が主導的立場にあって、多数回にわたり、恐喝、暴行に及び、その動機も金ほしさ、口封じやうさ晴らしによるものであり、喝取金も高額にのぼり、暴行の程度も執ようかつ過激なものであった。

少年には、不良交友の中で身についた暴力肯定的な態度、恐喝行為への抵抗感の低下、さらに、密告を許さないとする非行文化特有の価値観が認められ、現在、少年は、被害者らに対し、反省の意を表してはいるが、事案の重大性に比して、その内省は深さに欠けるものである。

他方、少年は、可塑性（変わりやすい性質）に富む十六歳であることを勘案すると、少年には、事案の重大さを認識させた上、非行抑止の自覚を持たせ、自己統制力を養い、相手を思いやる意識を植えつけさせることが肝要である。

そのためには、矯正機関において、相当程度長期にわたる教育を施すことが相当である。

よって、少年を中等少年院に送致する。

◎B少年

少年は、本件非行等、不良交友集団による一連の執ようかつ歯止めない恐喝、暴行等の非行に深く関与していたもので、その非行態様・結果は、極めて悪質・重大であるから、その責任は重いと言わざるを得ないし、少年の暴力的な資質にも問題がある。

しかし、一連の非行の背景には、地域年長不良者が、年少者に恐喝・暴行することが常態化していた従前からの環境が、少年の恐喝・暴行行為への規範意識を鈍磨させてきたという事情があり、また、少年には、年齢、現在の内省状況等からいまだ多分に可塑性が認められる。少年は、専門家による継続的指導を受けた経験もなく、これらの事情に、その他少年の生活歴、家庭環境等をあわせ考慮すると、なお、少年については、矯正教化教育の対象として、矯正機関で長期間の教育を施すことによって、その更生を図ることが相当である。

よって、少年を中等少年院に送致する。

地域社会に重い課題

「年長の不良による恐喝、暴行が常態化していた」。準主犯格のBに対する審判で、名古屋家裁は事件の舞台になった中学校の先輩後輩の間に連綿と続く暴力連鎖の存在を認め、「その環境がB少年の規範意識を鈍らせてきた」と事件を生んだ重要な要素と位置づけた。

新興住宅街で学力レベルが高いマンモス校。加害少年たちは学校から見放され不登校→上級生からの暴力被害→恐喝被害→グループでの非行化へと転落していった。

「下校時間に上級生が正門で待っていてタイマン（一対一のけんか）という形でけんかをさせられた。怖くて断ることはできない。AもBも『いきがっている』と狙われ、いやいややらされていた」

A少年らと友人関係にあった同級生は、非行グループの群れに巻き込まれる怖さを語った。しかし、一年後、それまでの被害者が加害者に一転する。

「うちの子は二年生まで上級生から狙われ、逃げ回っていた。それが、いつの間にか被害者から加害者に代わっていた」とBの母親は振り返る。AもBも、上級生がしていたように下級生を呼び出してはタイマンを繰り返し、集団暴行、恐喝へと進んだ。

恐喝事件が明るみに出た後の四月二十九日、Aら一学年上の先輩に仕込まれた扇台中学校の現在の三年生ら十人が他校の二年生一人を相手に集団暴行事件を起こした。この事件は暴力連鎖を断つことの難しさを浮き彫りにした。事件後、同中学校では関係した生徒全員とその親、教師が話し合った。暴行に加わった一人の生徒が「ぼくたちは先輩にやられた。殴られる痛さはわかっている。もうしない」と宣言した。しかし、「わかっている」なら、なぜ事件を起こしたのか――その答えは出なかった。

「何がどういう形で影響しているのか。子ども自身もわかっているわけではないと思う。その答えを見つけ出すのは本当に難しいが、大きな課題だ」と事件後に赴任した青山金一・扇台中学校校長は語った。審判で指摘された「規範意識の鈍磨」。青山校長は「感覚を麻痺《まひ》させるまで子どもを放置した大人社会全体の責任を感じた。特にわれわれ教師は重く受け止めなければならない」と審判廷での言葉の重みをかみしめた。

名古屋家裁の下した中等少年院送致の決定をどうみるか。識者や関係者のコメントが決定のニュースとともに紙面に掲載された。

生き方厳しく問う

折出健二・愛知教育大教授（教育学）

少年事件について厳罰を求める風潮の中で、やや軽微と思える処分を下したのは、地域社会に対し「今回の事件をきちんと受け止めてほしい」という裁判官のメッセージではないか。われわれの調査でも、この地域の子ども社会の中で長年にわたり暴力的な従属関係が培われてきたことが明らかになってきた。そうした関係がどうして生まれたのかという点に目を向けることが何よりも必要だ。それをしないで処分の軽重ばかりを論じることは、かえって事件の本質から目をそらすことになると思う。それにA少年の処分は表面的には軽く見えるが、よく読むと生き方そのものを問う課題を突きつけており、相当に厳しい内容だ。全体として妥当な処分と言えるのではないか。

少年法の王道に沿う

元家裁調査官で非行少年の心理に詳しい加藤幸雄・日本福祉大教授（非行臨床心理学）

少年が未成熟なため善悪の判断ができず、むちゃをしたのであり、矯正施設で適切な支援を受け、責任の重さを真摯《しんし》に受け止め反省することが、本人にも、社会にも意味があると判断した決定。地域社会の問題では、二重、三重の恐喝の連鎖があり、その根を断たないと、本当の解決にならないとも言及した。非行少年たちの居場所をつくることで、何らかの手を打つことができるのではないか。少年法の健全育成の精神からみて王道に沿った決定だ。

大人の責任明確化を

一九九四年十一月、いじめを苦に自殺した
愛知県西尾市の中学二年生大河内清輝君の父・祥晴さん

刑事裁判で事件の過程を明らかにし、大人が何をすべきかを明確にした上で、加害少年たちに反省してもらってもよかったのでは。審判では心に受けた傷の影響をどう見るかという視点が欠けているようだ。大人たちは、少年たちをエスカレートさせてしまった結果を真剣に受け止めるべきだ。

「懲戒に当たらず」

翌六月九日、愛知県警監察官室は、事件の直接の担当だった名古屋・緑署に対する処分を発表した。

鈴木康夫・前生活安全課長（五〇歳）と同課少年係長（五四歳）を本部長訓戒としたほか、小林孝・前署長（五九歳）と二木浩文署長（五七歳）を本部長注意、前同課少年係専門官（五一歳）を所属長訓戒とした。いずれも「懲戒」には該当しない比較的軽い処分に止まった。監察官室は「違法行為や悪質行為はなく、訓戒処分などが妥当と判断した」と説明した。

県警本部で会見した梅村征生首席監察官は、「署員らは限られた態勢で、休みも取れないくらい努力した。しかし、もう一歩踏み込んだ対応をしていれば、多額の被害を防げたと思う」と、「人的な限界」を強調した。緑署の少年係には年間数百件の被害届や相談があり、四人の係員が処理に当たっていた。「日常的な忙しさ」を、十分な対応のできなかった理由としてあげた。昨年七月に被害者親子の相談に応対した係官は、監察官の事情聴取に「面談後に一度も少年と接触しなかった点が悔やまれてならない」と述べたという。他の事件の未送致問題についても、「複数の事件の中で特定の事件処理を優先させたため、他の処理が遅れてしまった」と釈明。梅村主席監察官は、「少ない人数で精いっぱい努力した」と理解を求める発言を繰り返した。

一方で、同僚の処分を聞いた緑署署員からは「従来なら処分にもならない話だ。被害額の大きさだけで、過剰に厳しく批判されている」「担当者は精いっぱいやったと思う」との声が聞かれた。

ぬぐえない不信感

埼玉県の女子大生殺人事件や栃木県のリンチ殺人事件で相次ぎ明らかになった警察の初期対応の甘さ――。警察に持ち込まれる相談への「不作為」が問われる時代になっているのに、警察組織はその認識を持てないでいる。同じような甘さが、中学生五千万円恐喝事件でも指摘され今回の処分の理由となったが、市民感覚とは遊離した軽い内容と言わざるを得ない処分だった。

地方公務員法二九条では、「懲戒処分として戒告、減給、停職または免職の処分ができる」ケースとして三項目を挙げている。そのうちの「職務上の義務に違反し、または職務を怠った場合」という項目に、今回の事件処理は相当するといえるのではないか。

この処分をめぐって警察内部でも議論が分かれたという。しかし、県警は「法令違反はなかった」と判断し、法律で定められている懲戒処分ではなく内規での処分を選んだ。身内をかばったのでは、

関係警察官の処分について会見する梅村征生首席監察官

という疑念がぬぐえなかった。

「署長はクビになると思っていた。『注意』って何ですか？　軽すぎる」

「もう警察は信用していない。あてにもしない」

緑署に傷害事件や暴行事件の処理を放置されていた母親たちは、愛知県警の発表した処分に怒りをあらわにした。

中学二年の夏に五千万円事件の加害少年たちに暴行を受け、Aの自宅に連れて行かれ頭をモヒカン刈りにされた男子高校生の母は、

「当時の警察の対応にそれほど不満はありません。でも、まさか放置されていたとは思わなかった。職務怠慢でしょう」

と話した。息子の件だけでなく、五千万円恐喝事件の被害者親子への対応を含めた処分としては「納得がいかない。署長の『注意処分』なんて言葉だけ」と声

のトーンを上げた。

九八年の秋に加害少年たちから数回の暴行を受け、緑署に届け出たものの「放置」されていた太田君の母親は、警察不信にこの処分が追い打ちをかけた。

「これまで事件や被害は警察に届け出た方がいいと思っていた。でも、もう警察を信用していないし、自分の身は自分で守らないといけない。形だけの処分を聞いて、やっぱりなと思いました。本人も他の警察官も自覚を新たにする処分じゃないと意味がない。注意や訓戒じゃ何も変わらない気がします」と話し、「今は、落とし物を拾っても警察には届けたくない気持ち」ともらした。

五千万円事件の被害少年の母親は、大西弁護士を通じ、あらためて警察に対する悔しさをもらした。

「なぜあの時（昨年七月一日に緑署に相談に訪れた時）対応してくれなかったのか。（今回の処分は）程度や内容が詳しく理解できないが、軽いのではないでしょうか。本当に責任を取ったと言えるのでしょうか」

七月一日の相談対応をめぐっては、依然、県警と被害者側の間で食い違いが残されている。「署員から加害者少年三人の名を告げられた」という母親に対し、署側は「そんな事実はない」と反論している。またこの時、「お金の貸し借りでは事件にならない」「加害者が認めないと……」「けがでもしないと事件にならない」と言われたと母親は主張していることについても、「一般論として説明した。そのほかは話していない」と食い違ったままだった。

大西弁護士は、「実際に何十万円というお金が通帳から引き出されているのだから、学校と連絡をとって調べるべきだった。今後、県警に対して、文書できちんと説明を求めることも考えている」と語った。

前校長、教頭を懲戒処分

追って六月十三日、名古屋市教育委員会は「市立扇台中学校の恐喝事件に係る関係者の処分について」と表題のついた資料を市政記者クラブに配布し、処分内容についての記者会見を行った。

学校関係者（当時）では、横江庸之校長に減給十分の一、三カ月、箕浦隆教頭に戒告。二人に対してはいずれも地方公務員法に基づく「懲戒処分」だった。また、教務主任には文書訓告、生徒指導主事には口頭訓告で、いずれも内部処分となっていた。教育委員会関係では、宮沢明倫教育長に文書訓戒、加藤公明教育次長に市長文書訓戒、教職員課長、指導室長の二人に文書訓戒の処分がおりた。

配布された資料には教育委員会としての事件の総括として以下の三点が「学校での対応の問題点」として列挙されていた。
①初期の段階で五十万円という中学生にとって多額の金銭が動いた時（昨年七月に被害者の母親

から『子どもが五十万円を無断で引き出した』と学校側に相談があった時のこと）に校長を中心として学校の組織的な対応をしていなかったこと

②生徒指導に関わる会議や連絡会において、不登校生徒（加害者）の問題行動について情報交換がなされていたにもかかわらず、教職員がこれを共有していなかったため、日常的に踏み込んだ指導ができなかった

③保護者や地域の方々とともに、こどものＳＯＳを受け止め、問題を解決するための実行性のある連携がとれなかった

その上で、処分理由について校長は「認識や対応がはなはだ不十分であり、その責任は重大であるといわざるをえない」、教頭は「関係生徒の状況などを一定程度把握していたにもかかわらず、校長への報告・進言や関係機関との連携・協力が不十分だった」、教務主任は「校長、教頭と一般職員との連絡調整役の立場にあり、担任や生徒指導主事から報告を受けていたにもかかわらず、上司へ適切な報告・相談をしなかった」、生徒指導主事は「もう一歩踏み込んだ指導や上司への報告がなされなかったため、結果として適切な対応ができなかった責任がある」とした。

記者会見では西川義明総務課長と小竹佑一教職員課長が席に着き、次のようなやりとりがあった。

記者「どこの責任が重大で、対応として何が不十分だったのかを説明してほしい」

教委「細かい事実関係まで、逐一申し上げられない」

記者「逐一ではなく、わかるように説明してほしい。これだけの処分をした以上、具体的にどういう点に対しての処分なのか明確に説明すべきだと思う。節目の事実があるでしょ。例えば七月に被害少年が金融機関から五十万円を引き出し、ここで母親と少年が学校に相談に来ている。この時の対応はどうであって、本来はどうすべきだったのかを説明してほしい」
教委「（資料に書いてある通り）これでわかりませんか？」
記者「全然わかりませんね。五十万円の件は、教頭は把握していて、校長まで報告がいっていたのか、どうですか？」
教委「逃げるわけではないが、細部までは学校から事情を聴いた職員でないとわかりません」
記者「じゃあ、その職員に聴いてきてほしい」
教委「今日の報告は、教育委員会の処分を発表に来た、というあくまでそのためにしていることなので」
記者「しかし、処分の理由をきちんと説明してくれないと。理由と処分は表裏一体のもの。処分が正当かどうか、理由を聞かないとわからない。逐一でなくていいんです。ポイントだけで」
教委「処分をしたのは、職務を怠った、ということです」
記者一同「……」

立ち会っていた市役所の広報担当者が「この件については、後で（学校から事情聴取した）生徒指導室で確認していただくということでどうですか?」と問いかけると、記者側が一斉に「そんなんじゃ困る。あっちに行って、こっちにまた戻ってでは……。この場に担当者を呼んできてほしい」と申し入れる。担当者が来る間にも問答は続いた。

記者「処分が軽いということはないか?」

教委「かなり重いと認識している」

記者「重いという理由は」

教委「私どもが言うべきことではない。ただ、個人的には相当に重いと受け止めている。何をもって、と言われると困るが重いと認識している。例えば、西尾市の大河内君のいじめ自殺事件の際にも学年主任が文書訓告。今回の処分はそれと同じ」

記者「前例踏襲ですか?」

教委「そうではないが、それなりのけじめをつける処分と考えている。公務員の認識からは、かなり重いと思う。皆さんは笑うかも知れないが、文書処分でも非常に重いもの。校長の場合は、校長自身に非行があったわけではない。今回は職務を怠ったケース。あくまで生徒指導、子どもの指導の在り方をとらえてのことなので、その観点からは非常に重いと思う」

記者「今回の事件をどうとらえているのか、教育長が出てきてコメントするべきではないか」

教委「以前に、会見の場で見解を述べている。今回は、捜査が終結した、ということで我々としても何らかの処分をしなければならない、と考えた。問題を軽視しているわけではさらさらない」

会見が始まって五十分が経過したところで、ようやく学校側から事情聴取をした生徒指導室の担当者が同席した。

記　者「校長は五十万円の件で相談があったことを知っていたのか？」

担当者「五十万円の話は出ていたが、脅し取られているという話は出ていなかった。親と話し合った内容は教頭から校長には報告が上がっていたが、事件性があるという認識がもてなかった」

記　者「なぜ事件性の認識がもてなかったのか」

担当者「それについては聞いていない」

記　者「対応が不十分だったというのは」

担当者「警察に一緒について行かなかった、という点は問題。そこが甘かった」

記　者「校長の職務怠慢、というのはどういう点がそうだったのか」

担当者「（相談があった）昨年七月から今年三月までの期間全体の中で、学校内の管理のあり方をみて職務怠慢と判断した」

記　者「では、校長は問題を把握してからどうすればよかったのか？」

担当者「というより生徒指導に対するこの学校の姿勢の甘さがあった。中学生の間で、たとえ五万円でも動いていると知れば、何かあるのではと思うのが当たり前。にもかかわらず対応ができなかったという点に職務怠慢を認めざるを得ない」

記　者「上級生から下級生への暴力の連鎖については」

担当者「今回の処分対象にはなっていない。しかし、今いろいろ対策をとっている。過去の問題もその中で対応していきたい。連鎖については、責任を問うことが難しい状況もある。報道内容や少年審判の内容などから、そうした問題について継続的な指導がなされていなかったという点は認めざるを得ない」

記　者「教頭は五十万円を把握していた。では、何を報告・進言していなかったのか」

担当者「校長を補佐する立場として怠りがあった。会議など、いろいろなところで出ていた内容を報告していなかった。校長の判断が間違っている場合には進言もしなければならない。三月の初旬の時点で、かなり高額の被害金額をつかんだことがある。そのことを重大問題として報告していたか、というとしていなかった」

記　者「どの時点のことか」

担当者「加害者の父親からの聞き取りで把握した、と聞いている。教頭から校長への報告はしているが、不十分だった」

記　者「生徒指導主事についての処分理由は」

担当者「最も現場に近い担当者だったのだから、警察へ相談に行きなさい、と言うだけでなく、自分がついていくなり、行けないのであればだれかに同行させるなどの指導が足りなかった」
記　者「教務主任については」
担当者「精一杯やってきた、というものの、進言・報告が結果を伴うものではなかった。本人も反省していたので……」

会見で浮き彫りになったのは調査の不十分さと検証のあいまいさだった。処分さえすれば教育委員会としての責務を果たしたと受け止めているかのような印象が残った。暴力の連鎖が存在した事実は認めながら、その背景を検証し、今後の現場の指導に生かそうという姿勢はなかった。母子から相談を受けながら適切な対応をしなかった、として校長らを「職務怠慢」と決めつけた言葉は、事件を反省材料に新たな指導の方向性を見出そうとしない市教委にもそのままあてはまった。

被害少年の代理人・大西弁護士によると、少年と母親は事件後の学校の謝罪に直接応じておらず、新校長に代わってから大西弁護士が口頭で一度謝罪を受けただけだった。前校長の処分について、内容にどのような重さがあるのか、少年と母親は疑問を示していたという。

大西弁護士は「市教委の側に、処分の対象になった人は『運が悪かった』という考えがあるのではないか。被害者の気持ちを考えてほしい」と市教委の姿勢を批判した。

「二重恐喝」少年も逆送せず

六月二十九日、暴走族リーダーの土木作業員Ｊの審判が名古屋家裁で開かれた。名古屋地検は家裁送致の際、Ａ、Ｂと同じく「刑事処分相当」として逆送を求める意見をつけたとみられるが、斉藤大裁判官は「非行事実は悪質だが、少年の年齢などを考えると立ち直りは可能」として中等少年院送致とする保護処分を決定した。

決定理由で、Ｊについて「中学校在学中、非行グループの中心的立場にあり、卒業後も強い影響力を持っていた」と指摘。「自分が直接、被害少年に暴行を加えたことはないが、被害少年がＡ少年以上に自分を恐れていることを利用し、Ａ少年を通して恐喝を繰り返した」と二重恐喝の構図を認定した。斉藤裁判官は十七歳という年齢を踏まえ「過去に保護処分を受けたことがなく、反省の姿勢も見せている」とし、中等少年院送致が相当と結論づけた。

被害少年に対する恐喝や暴行容疑で家裁送致された少年少女は、その後Ａからの二重恐喝で逮捕されたＮ（十八歳、Ｊの兄）と、Ｎの同級生Ｏ（十八歳）を含め、計十五人。処分の内訳は、中等少年院送致が九人、試験観察と保護観察がそれぞれ三人となった。最も悪質として検察側が「刑事処分相当」との意見をつけたＡ、Ｂ、Ｊの三人を含めていずれも逆送にはならなかったため、五千万円事件は公開の刑事法廷では審理されないことになった。

「心の扉」重く

携帯電話が鳴った。女子生徒に一通のメールが届いた。事件発覚後のある日のことだ。

被害少年からだった。

「今、バスの中にいる」

被害少年は中学校の同級生のころから二人はいつもメールで雑談をする「メル友」同士。この日は、少年が専門学校に通うバスの車内から送ってきたらしかった。

女子生徒は自分の高校の合宿の話を打ち込んだ。少年は「合宿、がんばって」と励ましてくれた。椎名林檎や浜崎あゆみといった人気ミュージシャンの新曲や最新情報、お互いの近況をやりとりするうちに、交換したメールが二十通を超える日もある。

暴行による一月か二月の入院中、少年から「骨を折った」とメールが来た。

「何で?」と聞いたが、「言えないでしょ」としか答えなかった。強がっている感じが気にかかった。

加害少年グループが逮捕された直後。「何で言ってくれなかったの?」とメールを送った。

「?・?・?……」

少年の返事はそれだけだった。

「彼の心の中はメールだけではよくわからない。彼が言いたくなるまで、事件のことはいっさい聞かない」と女子生徒は決めた。

仲のいい同級生は、被害少年のことを「グッチ君」と呼んだ。性格が明るく、笑った顔が物まね芸で人気のタレント、グッチ裕三に似ていることから付いたあだ名だった。

中学二年生のころ、ほとんど毎日遊んでいた同級生の家では、おばあちゃんもグッチ君のファンだった。

「グッチ君、ご飯食べに連れていってあげるね」

留守の孫をほったらかして、おばあちゃんと二人で出かけたこともあった。

人なつっこくて、動物好き。自宅では犬を飼い、小学校では飼育委員を務めた。その中に一匹だけ、太めのウサギがいて、同級生が少年の名前をつけた。少年はそのウサギをとてもかわいがった。ウサギを抱いてにっこり笑う姿が、卒業アルバムに残っている。

メールで雑談を繰り返す女子生徒に、少年はこうも伝えてきた。

「(専門学校で)友達をつくるのが面倒くさい」

一人でいると、立ち直れない。何でも話せる友達をつくってほしい。そう励ましたかったが「面倒くさい」という一言が女子生徒の心に突き刺さった。

「怖い」。少年は、そう弁護士にもらすようになった。警察の事情聴取を受け、加害少年に脅されていたころの記憶が再びよみがえるからだという。

「ほかの子なら三十分で説明できるところを、今の彼はまる一日かかる」

ある捜査員はつぶやいた。弁護士は「加害少年をこらしめるためだから」と励ました。専門のカウンセラーにもついてもらった。

もともとマンガや小説の読書が好きだった。弁護士から渡された一冊の本を一晩で読破した。著者自らのいじめの体験を記した自費出版の本だった。

読み終わったあと弁護士に、「よかった。励まされた」と感想を話した。

忌まわしい記憶と闘いながら、少年は今、自身のトラウマ（心的外傷）に正面から向き合いつつある。

第6章「父として　母として」

B少年の勉強部屋には、壁を殴りつけた跡がいくつも残っていた

主犯格A少年

自問の日々

〈前略　お父さん、お母さん、元気ですか。僕は元気です。少年院での生活はだいぶなれました〉

真っ白な封筒の中に、一枚の便せんが入った初めての手紙が、両親のもとに届いた。恐喝事件の主犯格、Aからだった。

「前略なんて漢字、使ったことなかったのに。教えてもらったんですね」

中等少年院にいる息子を思い出す母親（四八歳）は、いまでも涙声になる。

名古屋市緑区の新興住宅街に建つ築二十三年の一戸建て。会社員の父（四八歳）、看護婦の母、五歳上の姉とAの四人家族。平凡で、ありふれた家庭だった。居間のテーブルをはさんで記者と向き合った色白の母は、髪のパーマが乱れ、事件以来の心労をうかがわせた。自ら「仕事人間」という父は、眉間にしわを寄せてうつむいていた。

最近、二人でアルバムを開くことが多くなった。家族で写した写真。クラスの「明るい人」「面白い人」の人気投票で一位を独占したページもある小学校の卒業アルバム……。「どこで間違えてしまったのか」。親として、自問の日々が続いているという。

小学校の卒業アルバムに載った学級の人気投票「ベスト3ランキング」。Aは「楽しい人」で半数を超える得票。「面白い人」「明るい人」でも堂々の一位。「有名人になりそうな人」も二位と学級内での存在感は圧倒的だった。

「クラスの盛り上げ役。ちょっと悪いところも、あったけど『明るいやつ』だと思っていた」。当時を知る同級の女生徒は言う。

卒業文集には彼自身「お笑い芸人」という題の作文を寄せている。

〈ぼくの夢は、日本中一番のお笑い芸人になることだ。ぼくは、保育園のころから人を笑わせることがすきで、ときどきじょうだんを言ったり、しゃれを言ったりして、小さいころから人を笑わせたりしていた。

学年が上がるにつれ、だんだん笑わせるのがうまくなった。テレビでまんざいを見ることも多くなった。

そして今は、吉本新喜劇を見るようになった。その時思った。吉本の特ちょうは、まちがえてもそれをつなげていくのが、立派だと思う。こんな風に吉本に入って（横山）やすしさんみたいになりたいと思う〉

Aは文末でもう一度「日本一のお笑い芸人になるぞ！」と書いた。

文集の同じページに偶然、加害者グループのDの作文も掲載されている。

「大切な友情」という題で、小学六年で転校してきたこと、Ａとの友情を記している。

〈〇〇君や〇〇君やA君が話しかけてきました。特にA君はうるさいほどしゃべりました。それでもぼくはうれしかったです。なぜかと言うと、ぼくは「友達ができなかったらどうしよう」という気持ちが心のどこかにあったからだと思います。だからぼくはこの友情を大切にし、このやさしさのお礼をしたいと思います。だからいつか世界中の人と友達になりたいと思います。〉

生徒数が千人を超すマンモス中学校。目立ちたがり屋のＡは、ここでもみんなの目を引こうとした。

わざとみんなの前でたばこを吸ったり、校内でやたらと携帯電話を使ったり。しかし二年生になり、学年全体が高校受験を意識し始めたころから、Ａは徐々に「浮いた存在」になっていく。

「Ａはものすごい寂しがり屋。すぐにだれかを電話で呼び出したりしていた」と元同級生の男子生徒。Ａの携帯電話代は一カ月で六万円にもなった。

二年生の夏。Ａは「縁を切りたい」と言い出した仲間を、白いシャツが血まみれになるまで殴りつけた。「裏切った」と何度も言いながら。

けんか、万引き、喫煙……。問題行動の増えるＡを、当初は登校を呼びかけていた学校側も持て余し始める。遅刻してきたＡに、校内で教師が「中学生らしい服装をしろよ」と注意。押し問答の末、Ａの帰っていく姿が、何度か同級生に目撃されている。

「先生に捨てられてるもん。学校が好きだから行きたいのに、先生が来るなって言うんだ」。Ａは

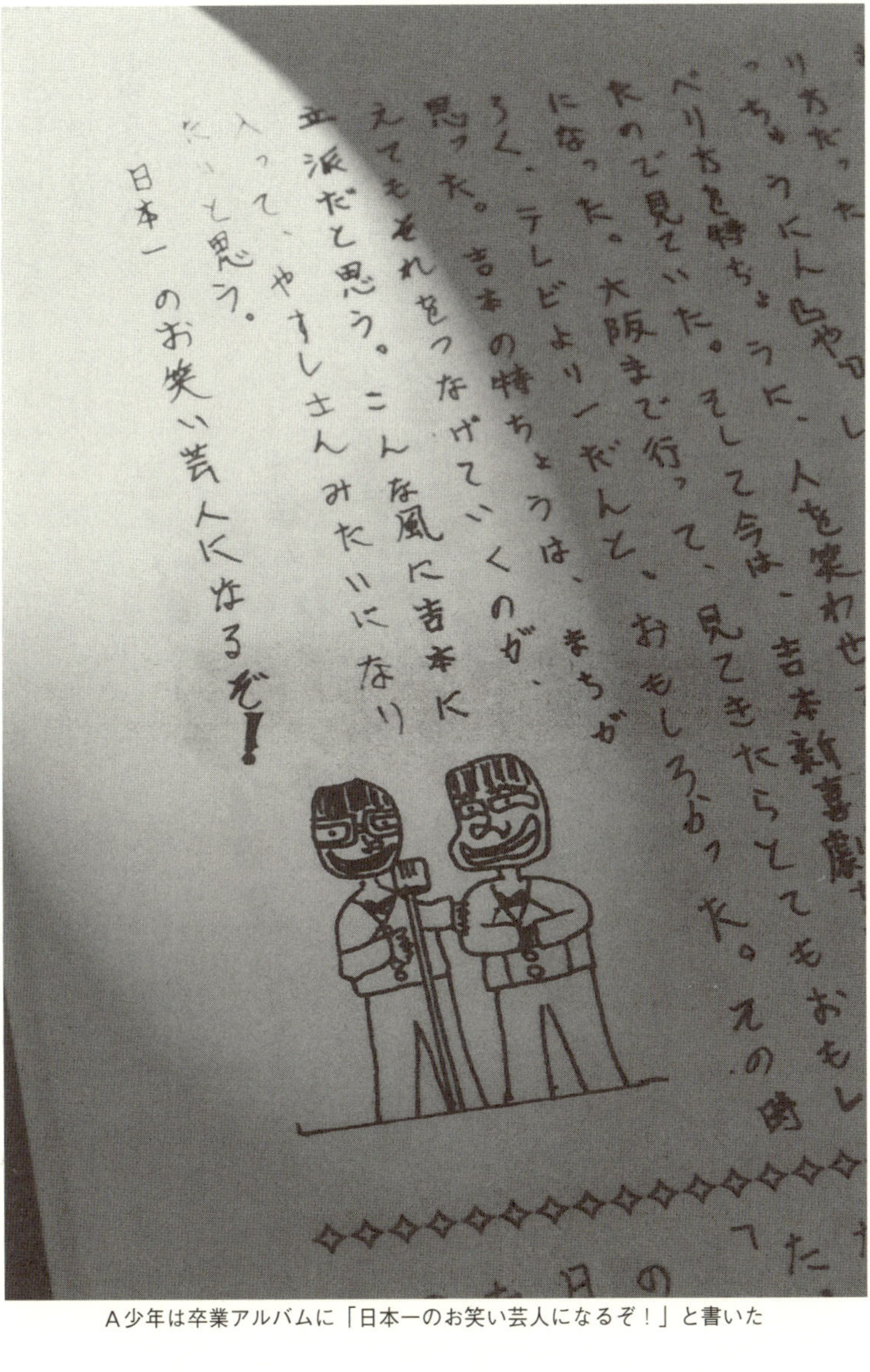
えてもそれをつなげていくのが、
立派だと思う。こんな風に吉本に
入って、やすしさんみたいになり
たいと思う。
日本一のお笑い芸人になるぞ!

A少年は卒業アルバムに「日本一のお笑い芸人になるぞ!」と書いた

仲間にこぼしたという。

小学校時代、クラスの人気者だったAは、一年もしないうちに厄介者へと転落。「学校」という大切な居場所を失うと同時に、理由のない暴力がどんどんエスカレートしていった。

二年生の九月、Aは、同じように居場所を失ったD少年と、通学中の小学生の女児二人をいきなりける「事件」を起こす。

「学校に来なくなってから、顔つきが変わった。においみたいなものも変わった。世界が違う、もうつき合えないな、と思った」

一年のころはお互いの家を行き来して遊んでいた同級生は、Aの急激な変化に戸惑いつづけた。

小学校の文集でお笑い芸人になる夢を語ったAは、中学の卒業文集に載ったクラス全員の寄せ書きにはこう記しただけだった。

「……」

Aは、中学入学後に一年ちょっとで不登校になっている。万引、喫煙など非行が目立ちはじめる少し前のことだ。上級生から恐喝や暴行を受けていたことが周辺取材でわかってきた。

「かなりひどいいじめです。知ってましたか?」

両親が気づいていたかを確かめたかった。

はっ、と頭を上げたのは父親だった。すぐに「おまえは?」というように妻の顔をのぞき込んだ。

話の先を急がすように二人が記者を見つめた。

晴れてはいたが、肌寒い日だった。Aが中学一年の十一月。二年と三年の先輩五人が、中学のすぐ西側を流れる扇川の側道まで呼びつけた。当時、各学年で最も恐れられていたワルのリーダーたち。中には、今回の事件でAから二重恐喝を繰り返していた一学年上の暴走族リーダーJの姿もあった。その時のいじめは、Jの発案だった。

「おいっ、トランクス一丁になれ！」

Aは怖さと寒さで、震えながら服を脱いだ。土手を降り、冷たい川に入った。下流に向かい、一キロ以上も泳がされた。不良少年たちは川沿いの道を自転車で追いかけながら、泳ぎっぷりを見物した。

いじめの理由は「デブだったから」。ただ、それだけのことだった。先輩たちから「白豚」と呼ばれて殴られ、「ついてこい」とたびたび命じられた。Aは黙って後ろをついて歩いていた。

不良少年グループの一人は、その姿と今回の被害少年の姿が重なったという。

「○○君（被害少年）はAと一緒にいると、いつも無言だった。Aも先輩といる時は同じ感じだった」

入院するほど被害少年を殴ってたばこの火を押しつけ、大金を脅し取っていたAからは、想像できない姿だった。

記者の話を聞き終えると、母が口を開いた。声が震えていた。

「そう言えば、あの時の。やっぱり、いじめられていたんですか……」

母は、息子が足元を泥だらけにして帰ってきた日のことを覚えていた。記憶では、靴をドロドロにしたAは玄関を入るなり、ニヤッと笑った。

「川に釣りに行ったら、はまっちゃった」

母は、息子の手に釣りざおがないことが一瞬、気にかかった。しかし「鈍くさいわねえ」と声をかけ、それ以上は聞かなかった。

取材を始めてすでに三時間近くが過ぎていた。「そう言えば……」。再び母が、か細い声で語り始めた。息子が見せた、いくつかの異変。丹念に記憶をたどると、思い当たることが浮かんできた。

中学入学後すぐ、せがまれて買ったマウンテンバイク。三度も壊れて引きずってきた。息子は「転んだ」「壁に激突した」「友達がかさを車輪につっこんだ」と繰り返した。当時、通っていた書道塾は、月謝が四カ月分も未納になっていた。毎月、ちゃんとお金を渡していた母が理由を聞いても、何も言わなかった。

なぜ、息子の異変に気づけなかったのか。記者は、同じ質問を父と母に何度も繰り返した。

父は「でも（川で泳がせたJは）小学校のころ、遊び相手になってくれ、親近感も感じていたようなんですが」と考え込んだ。母は「息子は小学校の時から明るかったし、まさか、いじめの対象にされるとは……」と言って、手紙を手にしたまま答えに詰まった。

六月下旬、両親は少年院を訪ねた。面会室のドアを開け、丸刈りになった息子がにっこりと笑って入ってきた。父と母は驚いた。

「あんな屈託のない笑顔をみせたのは、いったい何年ぶりか。中学に入ってから一度もなかった」

記者の前で、父と母ははばからずに嗚咽《おえつ》した。息子の笑顔さえ忘れていた親としての、後悔の涙だった。

「お前はいつもいない――」

二冊のノートを、Aの母親が記者の前に置いた。

「もう捨てたと思っていたんですが」

B5判。ところどころ破れて飼い犬のかじった跡がある。記者がめくるとどのページにもAや五歳上の姉の名前、日付、そして短い文章が鉛筆で書き込まれていた。

○○（A）へ

三十分、勉強を忘れないこと。

ロールキャベツ、肉じゃがあります。ご飯は七時に炊けます。

お母さんへ

○○君の家に遊びに行ってきます。

看護婦の母親と子どもたちとの「連絡ノート」。長女の出産を機に母は常勤から、夜勤のないパート勤務に変わっていた。それでも週に三日は、帰りが午後九時すぎ。夕食時間が子どもとずれてしまうため、息子が小学校五年生のころから書き始めた。

その少し前、夫婦で深刻な話し合いがあった。「仕事を辞めて、子どものために家にいたらどうか」と言い出したのは夫。しかし妻は考えた。「病院で働く母親の姿を見せたい」。子ども二人を連れて出勤することもあった。辞める、という選択はできなかった。

彼女は豪雪地帯の山村の生まれ。その生い立ちを聞くうち、看護婦という仕事に愛着とこだわりを持つ彼女なりの思いが、記者には見えてきた。

生まれた村には診療所はあったが、冬は無医村に近い状態だったという。いろりのある三世代同居の家で育てられた彼女は、幼いころから母親にナイチンゲールの伝記を読まされ「これからの女性は手に職をつけなければ」と聞かされた。

地元の高校を卒業した後、名古屋市内の病院で働きながら看護婦の資格を取った。無医村に近い故郷にUターンするつもりだったが、今の夫と知り合い、結婚。胸に温めた夢は新しい家庭とともに名古屋で根を下ろした。

「言いたいことがあるんだけど……」

A少年が恐喝した金で買ったパチスロマシン。「中古をもらった」と家族には話していた

再逮捕後の四月末、取り調べで初めてAが自分から生い立ちや家族のことを語り始めた。「ワーッ」と声を上げて泣いたという。

「お父さんもお母さんも仕事で忙しくて、家にいなかった」

「大好きなおじいちゃんとおばあちゃんに、かわいがってもらった」

Aが小学四年の秋、同居していた祖父母がそろって家を出た。両親との長年にわたる感情の行き違い、生活習慣のずれ。いくつかの原因が積み重なった。当時の心境を、Aは「両親と祖父母のけんか、いさかいを見て育って、大人に不信感を持った」とも供述した。

母親には、そんな息子の寂しさが見えていなかった。自宅に来た捜査員から「反省の色がなかった子が大泣きして話した内容です」と調書を見せられ、初めて息子が受けた心の傷に気づいた。

祖父母との別居とほぼ同時期、母は中学三年だった姉の高校受験に没頭し始める。「なんで家に友達をよんじゃいけないの?」とAから聞かれ「お姉ちゃんが勉強しているから」と答えた記憶がある。それ以外、この時期の息子の姿を、母は「ほとんど思い出せない」という。

父も家庭内のごたごたが消えると、これまで以上に仕事に打ち込み息子から目が離れた。

寂しさの裏返しか、Aはたびたび野良犬や捨て猫を拾ってきた。今、自宅にいる二匹の猫も小学生だったAが公園で拾ってきて飼い始めた。

小学六年のある日。自宅前で野良猫が車にはねられた。Aは獣医師に電話したが、「往診できないから、お母さんに連れてきてもらって」と言われた。母が仕事から帰ると、息子は野良猫の死体を両手で抱え、歩道にひとりでしゃがみ込んでいた。

「お前は、いつも大事な時にいないじゃないか！」

いきなり泣き出して怒鳴る息子の姿に、母は驚いた。「お前」と呼ばれたのは初めてだった。思わず「お母さんだって仕事なんだから」と言い返した。

「あの時、『ごめんね』って言ってあげられれば。寂しかったんでしょうね。いったい私は、あの子の何を見ていたのか」

事件後、病院は休んだまま。辞めるべきかどうかで迷った当時に立ち返り、いまも揺れる。あの時と同様、答えは見つからない。

「気づいてやれなかった母親がいけない」。いつもの言葉が記者の前でも口をついた。目を赤くする姿を夫がやさしくたしなめた。

「母親が働いていたからじゃない。そんな簡単な話じゃない。なのに、そう言っちゃうと、話がそこに行っちゃうじゃないか」

失われた絆

記者は、Ａの自宅の階段を上がった。

「ここです。どうぞ」

父に案内された息子の部屋は二階の南西角。入り口わきの壁に、大きなコルクボードが立てかけてあった。スナップ写真と写真シールがびっしり。カラオケのマイクを握り、ポーズを取る少年たち。恐喝事件で逮捕された加害少年の顔が並んでいた。

ところが、被害少年の姿は、どこにも写っていない。気づいた記者が、そのことを父に告げた。

「えっ?」

それまで、あまり表情を変えなかった父が驚いた。

「息子と○○君(被害少年)とは友達だと思っていたんですが……。やっぱり友達じゃなかった、ということでしょうか」

逮捕後の取り調べで、Aは被害少年を「奴隷だった」と供述した。しかし父は、信じたくなかった。息子の心が見えていなかったことを、あらためて思い知らされたようだった。


父の生活は、仕事一色だった。「収入をたくさん得ること。それが家族の幸せにつながる」と信じて働いた。会社のため、自分のため、そして家族のため。「迷いはなかった」という。

鉄鋼マンの祖父も夜勤が多く、親子でゆっくり話した記憶がほとんどない。「自分が父親になったら子どもと接する時間を大切にしたい」と考えていたが、いつの間にか自分の父と同じことを繰り返していた。

Aが小学校の高学年だった五年ほど前から会社の経営危機で忙しさが増した。帰宅は毎晩、午前零時を過ぎた。子どもたちと一緒に食事をとるのは週に一度あるかないか。毎年恒例だった家族のスキー旅行も行かなくなった。

「一番いけなかったのは土日に家を空けたこと。ゴルフなど、営業のための接待が避けられなかった」と悔やむ。

中学二年になって、急速に変わっていくA。父は厳しく接した。突然、髪を茶色に染めた息子をしかりつけ、黒く染め直させた。Aが同級生を自宅に呼びつけ、無理やり頭をモヒカン刈りにした時は、罰としてAを自らの手で丸刈りにした。

息子は父から逃げ回るだけで、親子の距離はどんどん広がっていった。

恐喝が激しくなっていった昨年の暮れごろ、不登校の息子は進学の見通しもたたず、何事にも無気力で後ろ向きな態度を見せた。「どうしてそんなに投げやりになるんだ」と問い詰めた。当時の息子の生気のない目つきを思い、「泥沼から抜け出せず、もがいていたのか」と今は思う。

Aは逮捕後、こんな供述をしている。

「お母さんとお姉ちゃんは好き。でも、お父さんとは話をしないから何を考えているかわからない。どんな仕事をしているかもわからない」

三月初め、自宅に来た被害者親子と入院仲間たちから、父は初めて数千万円に上る恐喝の事実を突きつけられた。「何かの間違いであってほしい」という思いや「表ざたにしたくない」という気持ちが駆けめぐった。

親として逃げられないところに追い詰められた。

「○○君（被害少年）から脅し取った金額を全部、書き出しなさい」。息子は「五百万一回、三百万一回」と書きはじめた。父は録音テープを回した。数日間会社を休み、緑署への説明や弁護士との相談で走り回ったが「すべては遅過ぎた」と言うしかなかった。

「子どもの様子が変だ、という前兆があった時に恥と思わず、だれかに相談するべきだった。子どもは一度転落し始めると、あっという間に転落する。まさにうちの子がそうだった」

記者に「今、反省するとしたら」と問われた父は、床を見つめ、そう声を絞り出した。

六月八日。少年審判廷に、父は背広姿で立っていた。仕事先に送りつけられた数百通の嫌がらせの電子メール、自宅に届く脅迫状……。家族の苦闘を息子に伝えた父は声を震わせた。

「苦しいことがあっても、家族で一緒に暮らしたい……。待ってるぞ！」

息子は「ウワーッ」と大声を上げて号泣した。

事件を機に、やっと父は、息子と正面からぶつかり合えた気がした。

「お金のために働いてきたが、家族の幸せはお金だけじゃないと、今は思います。お金は息子の心もむしばんだ。もう一度、やり直せるなら……」

少年院で面会した時の、別れ際の息子の姿が目に焼きついている。ドアの向こうに消える直前、振り返った息子がじっとこちらを見た。

「ああ、私たちと一緒に家に帰りたいんだな」

ものを言わない息子の気持ちが初めて父に伝わった。

「遊び仲間」の希薄な関係

「携帯電話を買い替えて」「友達が家に来ても上げないで」――。Aは何かにおびえていた。見かねた姉が声をかけた。

「パパとママには内緒にするから、お姉ちゃんに言ってみなよ」

二月のことだ。恐喝事件の中心にいたAは、名古屋市中区を拠点とするチームグループの兄弟から追い回され、自分も恐喝されていた。

「財布も時計も取られた。〇〇（別の加害少年）も脅された。お父さんたちには言わないでほしい」

だれにも言えずに抱え込んでいた不安を、弟は姉だけに明かした。

Aの自宅の居間。両親を取材していると、帰宅した姉が自分から話に加わってきた。目元と話しぶりに、意志の強さを感じさせた。

「ふだんから弟の部屋で『ドン』という物音や『〇〇しろー』という命令口調の声が聞こえると、様子を見に行っていたんです」

両親が家を留守にする時間が長い分、姉は弟の行動に目を配っていた。しかし、仲のいい姉にさえ、恐喝で結ばれた少年たちの人間関係は「見えなかった」という。

二月の初め。姉が帰宅すると、母親が居間で被害少年の顔をタオルで冷やして湿布していた。両側のほおが、まるでおたふくかぜみたいに真っ赤にはれ上がっていた。姉は、弟の部屋に飛んでいった。

「あんたらがやったんでしょう！」

大声で問いつめた。Aと居合わせた加害少年たちは、姉から目をそらした。「違う、違う」と繰り返した。

「お母さん。お姉ちゃんを何とかして」

Aは母にすがった。姉は居間へ戻り、被害少年に聞いた。

「弟に連れ回されているんでしょう」

しかし被害少年は「ほかの同級生とタイマン（決闘）して負けた」。さらに「Aに助けられた」と弟を呼び捨てにして話した。「パシリ」（使い走り）に見えたのは、自分の勝手な思いこみだったのかと、姉は考え直した。

加害少年の名前や学校名が落書きされたＡ少年の勉強机

「さっきはごめんね」。姉が謝っても、口裏を合わせてうそをついた少年たちは下を向いたままだった。

一人ひとりは素直でいい子だ、と今でも姉は思っている。「おなかがすいた」という彼らに手料理をつくったこともある。しかし集団になると、とめどなく暴走した。その落差が姉の理解を超えていた。

姉の話を聞くうち、Aの遊び仲間だった同級生の言葉を思い出した。夜、自宅を訪ねた記者の取材に、彼は自分の父親と一緒に駐車場の車の中でしぶしぶ応じた。

「新聞は『加害少年グループ』って書くけど、あいつらは全然、グループじゃない。みんなバラバラ。仲のいいメンバーや対立するメンバーの組み合わせは、いろいろ入れ替わった」

彼はある日、Aとは別の加害少年の勉強部屋で、百万円ぐらいの現金の束を見つけた。サイドボードの上に、何かで隠して置かれていた。

「○○（被害少年）から取ったんだ」

加害少年は恐喝した金であることを、あっさり認めたという。

彼は「何で、ばれないの?」と少年に言った。恐喝自体に驚いたのではなく、親や学校に気づかれないことが彼には不思議だった。答えはなかったという。

記者は、ごく当たり前の質問をした。

「注意して止めるのが友達じゃないの?」

彼は助手席で表情を変えず、フロントガラスに目を向けたまま続けた。

「やばいとか考えなかった。楽しく遊んでいれば、それでよかった。お互いに面倒くさいことは言わないで……」

後部座席で耳を傾けていた彼の父親も「息子の心がわからない。理解できない」と考え込んだ。

「あいつはめちゃくちゃ楽しいやつ。ゲームがうまくて、ギャグも面白い。少年院から早く出てきてほしい」

彼の話を聞けば聞くほど、出口のない迷路に入り込んでいくような感覚を覚えた。

Aの家族からの聞き取り取材は、延べ十五時間を超えた。終わりがけに、父親が記者に問いかけてきた。

「あの子たちは、いったいどんな関係だったんでしょうか」

記者も、ずっと同じ疑問を追い続けてきた。「カネ」を介して群れ集まった少年たち。いじめや恐喝を「タイマン」と言いくるめ、周りの大人と自分自身をごまかした。友情とは違った、寂しくゆがんだ結びつきに思えた。

父親に返す明確な言葉は今も見つかっていない。

二重恐喝J少年

笑顔の消えた日

「あいつは小学校六年生の時、児童会の副会長だったんですよ」

五歳からの幼なじみだという県立高校生（一七歳）の彼は言った。Aを二重恐喝していた一学年上のJの、それは意外な経歴だった。

「報道ではすごいワルにされてるけど、やさしくて思いやりのあるヤツだった」

「Jなんか怖くない」とAが言ったのを人づてに聞いて病院に担ぎ込まれる大けがを負わせ、下級生の不良グループからは「キレたら手がつけられない恐怖の存在」と恐れられた暴走族のリーダー。札付きのワルからはまったく想像していなかったその横顔に頭が混乱した。

女手一つでJと兄（一八歳）の息子二人を育てた母（五一歳）が、名古屋市緑区内で経営する喫茶店。客がひけた合間に二階の押入れの奥から、小学校の卒業アルバムを探して持ってきた。

「これが息子です」

母が示した写真には、五人ずつ二列になった前列の中心に、チームリーダーのJがサッカーボールを抱え真っ黒に日焼けした顔をほころばせていた。

アルバムのページをめくっていく。「野球部」と題したJの作文があった。

「四年生から野球部に入った。レギュラーになれるかドキドキした。サードだった」

「五年、三番になった。ホームランを打った。インタビューもされた」

「六年。『これからJがキャプテンとしてやっていく』。うれしかった」

文章は拙《つたな》いが、野球への取り組み方、評価に対する喜びが伝わってくる。

さらにアルバムをめくった。余白のページに同級生の男女二十九人の寄せ書きがびっしりと書き込まれていた。

「きみはとおーってもおもしろい人でした」

「いろいろ協力してくれたりしてうれしかったですヨ」

「中学に行っても友達でいよう。野球ガンバレよ」

児童会、野球部とリーダーシップを発揮し、クラスでも人気者。成績も小学校のころは「体育が4で、あとは3と2だった」と母は記憶している。「中一の時は、あいつ学習塾に二カ所も通っていたんですよ」。幼なじみが語る新たな事実。母は「私は勉強のこと一切言わなかった」と話し、本人の自発的な行動とわかった。

そんなJが学校嫌いになっていくのは中二になって間もなくだった。

「あいつ、何であんなこと言うんだ！」

中学二年になって、最初の登校日。自宅に帰ってきたJは、そう言うなりカバンをほうり投げた。母親が「どうしたの」と聞くと「『おれが担任で悪かったな』って……ちくしょう」と言って荒れた。

学校で何があったのか、担任は取材に応じない。しかし、間もなくJは髪を染め、非行を加速させていく。二学期からは学校に行くのも週に二日か三日で、ほとんどの時間を保健室で過ごした。同時に下級生へのいじめ、暴行、たかりの日々へと落ちていく。

「中二の担任の先生は、いい先生でした」と母は明言する。

「中三でも担任で、たびたび家に来て学校に来るように言ってくれた。『卒業式には出よう』と言って、不登校の生徒を集めて、リハーサルまでして写真を撮りました」。ただ「息子はどういう訳かは知らないけれど、担任の先生を嫌っていた」と、あの日のことが、今も気にかかっている。

少年審判でJの付添人だった宮沢俊夫弁護士は「Jは担任の言葉を『厳しくやるぞ』という宣戦布告と受け取ったのでしょう」と、百件近い少年事件を扱った体験を踏まえ、明言した。

「何度か面接したが、非常に敏感なタイプ。優しく包み込むタイプの教師のほうが彼には良かった」

B4版の画用紙に、教壇に立つ教師と机に向かう学生服の生徒たち――。

逮捕後、深層心理を探るために名古屋少年鑑別所が行った絵画テストで、Jは和気あいあいとした雰囲気の授業風景を描いた。

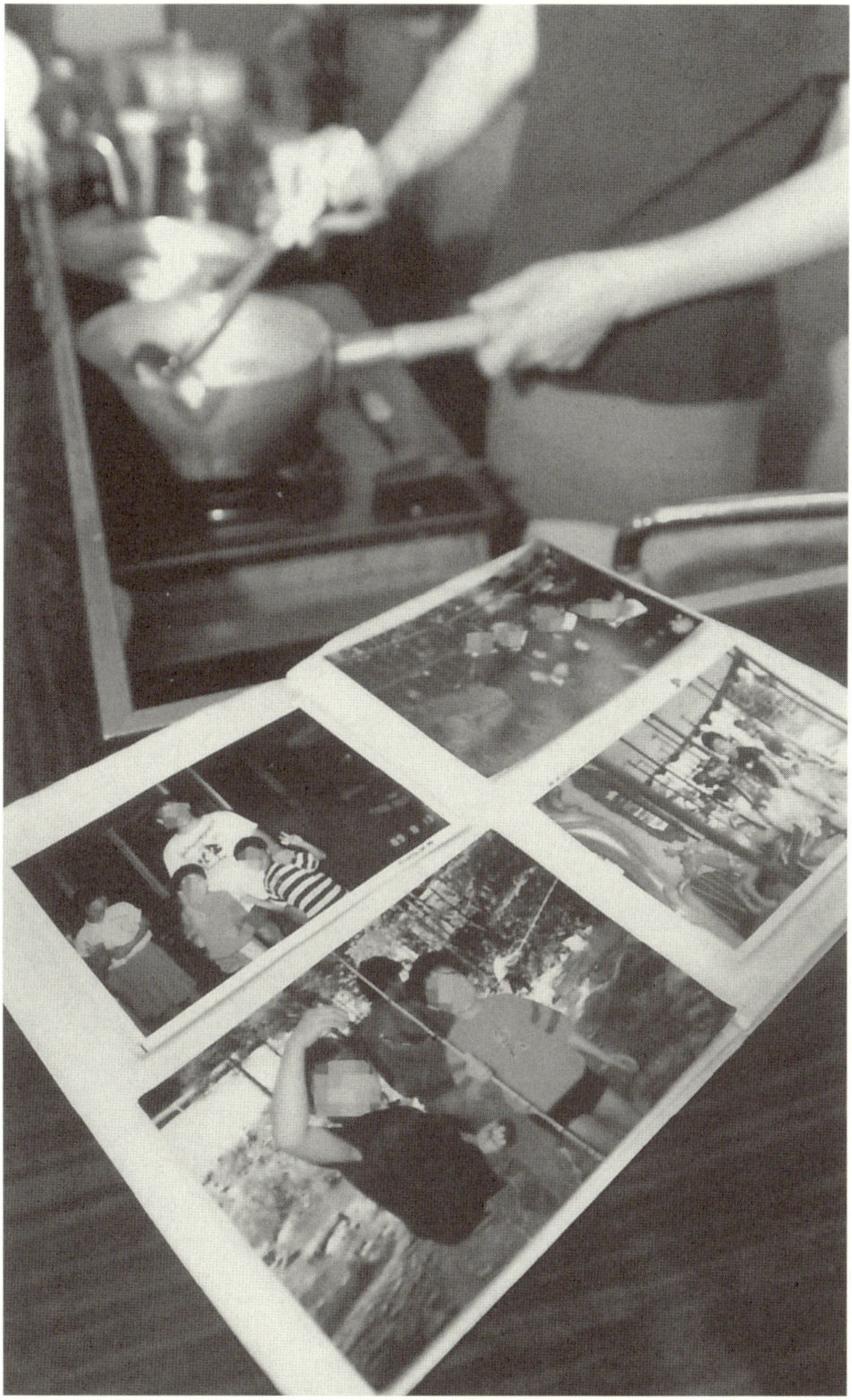

Ｊ少年と兄のアルバム。少年の自宅の喫茶店で

鑑別所で心理分析を担当する専門官は、意外にもその絵から「授業が苦痛だった心理の表れ。学校への愛着はない」と結論づけた。

その答えと、取材で浮かぶ中一までの明るい笑顔がどうしても重ならない。不登校になった彼が授業に出られない寂しさを表したとしか思えなかった。

母子共生の日々

五千万円恐喝事件では、加害少年の親の多くが、壊れた親子関係に苦悩していた。だが、Jと母の関係はまったく違った。

許される限り、警察署や少年鑑別所に面会に通った。喫茶店を臨時休業することもいとわなかった。付添人を務めた宮沢俊夫弁護士は「最近は自分の子どもの大問題なのに仕事を優先する親が多いことにあきれるが、彼女はまぎれもなく息子を一番に思っていた」と母子関係を語った。

「両親を亡くして幼稚園のころ、親類の養女になったの」

ある日の取材で、彼女は肉親の愛情に恵まれない不遇な自身の生い立ちを語り始めた。

中学卒業と同時に家を出た彼女は夜の飲食店の仕事を続け、三十歳すぎで結婚。二人の男の子をもうけ「自分が恵まれなかった分も」と愛情を注いだ。八年前、Jが九歳になった時に離婚。「息ててきた。

子たちをいつも目の届くところに」と夜の仕事をやめて喫茶店を開業し、店の二階で息子たちを育
「家には暴走族の服もブランド品もお金も置いてなかったから。まさか……」

逮捕後、母の知らない事実が次々と明らかになった。当初は「一緒に暮らす息子が一千万円も取って気づかないなんて」と他の加害少年の親にあきれていたが、自分も同じだった。「何でも言い合える親子関係」は母からの一方通行にすぎなかった。

Jは変造オートバイ、特攻服を名古屋市中区の暴走族仲間の自宅に置いていた。恐喝した金で買った高級スーツも自宅には一度も持ち帰っていない。下級生への暴行、オートバイでの暴走……。母の目の届かないところに、Jは「ワル」というもう一つの自分の世界を築いていた。

審判の日、裁判官が母に尋ねた。

「なぜ、気づかなかったんですか」

母は「信じてしまいました」と口にすると、ほおを涙がつたった。母の涙を見たJもとめどなく涙を流した。

「母が好きだったからこそ非行行為を明かせなかった。親子間には愛情と厳しさが必要だが、厳しさが欠けていた」（宮沢弁護士）。無限大の愛情で密着した母子関係が、母に見せられない「ワル」の世界を生み、うそを強いる結果になったのだろうか。

少年審判で、少年院への送致が告げられた後、Jは審判廷で寄り添ってくれた母に「あした、会いに来てね」と泣きながら頼んだという。

物心ついてからJはほとんど人前で泣かなかった。そんな息子が見せた涙に、母は「反省してくれている。これできちんとやり直してくれるなら」と安どしたという。

しかし、翌日に鑑別所に面会に訪れた母は審判廷よりいっそう激しく、係官の目もはばからず泣きじゃくる息子に戸惑った。その口から出た言葉は、予想もしていなかった。

「お母さん、ぼく不安だよ。（少年院で）やっていけるかな」

これまでは母の愛情に甘やかされ、外では傍若無人に振る舞ってきた。少年院ではそのいずれも許されない。母のいない不安に耐えられないJの心は、幼い子ども同然に未熟なのかもしれない。

放任の果ての暴力ゲーム

「公園に行こう」

髪の毛を茶色に染めた中学二年生のJは、下校時間になるといつも校門に立ち、授業を終え出てくる下級生の不良グループを誘った。

一人のときも、仲間数人と一緒のときもあった。「おれと一緒にやっていかないか」と声をかけ、近くの公園や橋の下に連れていった。

「あの言葉は『けんかをするぞ』という意味だったんです」。何度も誘われたという下級生の一人は、ぼそぼそとした口調で打ち明けた。Jが『不良仲間』と認めていたAらは強制的に参加させられていた。Jは「一度に後輩二人を相手にしても勝った」。それほど際立って強かった。勝つたびに仲間うちでいきがっていった。

Jの母はその話を信じようとしなかった。暴力について「よくない」と教えていた。「けんかするくらいなら土俵をつくって相撲をするようにしなさい」と話したという。

愛情が深い分、母の言葉はJの行動にも影響を与えた。けんかは、母の教えをある部分で守った暴力ゲームだった。

「本気の殴り合い」にはルールがあった。制限時間は三分間。顔面を直接殴るのはルール違反。決着はどちらかがギブアップするまで。Jの「始め！」の合図で開始した。

公園への呼出しも「校内で迷惑をかけてはいけない」という母の戒めからだった。

中学二年生で不登校になった時、家庭訪問に訪れた担任に母は聞いた。

「先生、学校に行かないとどうなるんですか。卒業できないんですか」

担任が「義務教育ですから、卒業できないことはありませんよ」と答えると、母はこう言ったという。

「じゃあ、いいです。勉強ができないうちの子が行って他の生徒に迷惑をかけては申し訳ないですから」

母は息子が小学校六年の児童会副会長を務めていたことも、野球で活躍していたことも「よく覚えていない」という。中学一年になってJが「勉強に遅れまい」と学習塾に二つも通ったことも、うろ覚えだった。学校生活に対する母の無頓着な態度が、Jの学業での挫折、その後の非行と無関係とは思えなかった。

校門の外での仲間うちだけの空間は、行き場を失った彼が生きがいを見つけ出す「教室」だった。けんかにはルールをもうけ、先輩後輩の上下関係のけじめにも厳しかった。警察や学校へのチクリ（密告）、離脱の厳禁など序列と規律を取り入れ、Jは短期間でリーダーにのし上がっていった。

息子の挫折を深く気にとめず、放任したままの母の教育方針は中学卒業後も変わらなかった。卒業後、Jは母のつてで建築会社に就職。作業員として休まず働いた。母は「汗を流して働くのは大変でしょ」と息子の社会生活のスタートを目を細めて見守った。

三、四カ月が過ぎた昨年夏、Jはふざけて三メートルの高さからコンクリート床に飛び降り、両かかとを骨折。松葉づえの生活となり、仕事ができなくなった。

けがが治った後も職場に復帰しない息子に母が厳しい態度で接することはなかった。

「同じ年の子は高校に通い遊んでいるし、遊びたい盛りだから。無理に働け、というのはかわいそうだから。そのうち働く気になるだろうし」

五千万円事件にかかわり、多額の金を被害少年やAらから恐喝しはじめるのも、このころだった。

母のためにルビをふった息子からの手紙

「あんた、なんでタクシーなんかに乗れるの」。ふと不審に感じた母も「皆で割り勘だから安いもんだよ」というJの言葉にごまかされてしまう。

Jが逮捕された翌日、名古屋・中署の留置場でのこと。昼食を終えたJは巡回中の警察官に、大きな声で「ごちそーさまでした」と言って、ぺこりと頭を下げた。

「逮捕されたほとんどの少年は下からにらみつけるようにしてくる。一千万円も恐喝した少年がこんなに礼儀正しいのか」

警察官は不思議に思ったという。Jとの初対面であいさつされた時に記者が感じた印象と同じだった。

息子が暴力がモノを言う不良の世界で頂点に君臨したことを母は知らなかった。まだ、母親に本当のことを打ち明けていない逮捕直前のJの姿が思い出された。

昼過ぎ、店の近くの公園のベンチに一人腰をかけて手にした携帯電話を見つめていた。メールを打つでもだれかに電話をするでもなかった。逮捕を覚悟して、どんな思いなのだろう。立ち上がった彼は住宅街をぶらぶらと歩いた後、母のいる喫茶店に戻った。

息子は、自宅で逮捕される際には容疑を認めなかったが、署ではあっさりと容疑を認めた。その事実を記者は母に伝えた。

「そうですか。とにかく本当のことを話してほしい。でも私に本当のことを言ってほしかった。去年のうちにわからなかったことが悔しい」

母は、本当に悔しそうにそうこぼした。

準主犯B少年

「あの夏に戻りたい」

勉強部屋の壁に、こぶし大の陥没や穴が残っていた。天井には、黒いスプレーを乱暴に吹き付けた落書き。被害少年から総額約九百三十万円を恐喝したBが、何かにいら立ち、自分の部屋でストレスを吐き出した跡だった。

母親（四〇歳）が「実はこっちにもあるんですよ」と壁際の折り畳みベッドを動かした。隠れていた別の穴がいくつかのぞいた。「もう見たくないので……」と母は下を向いた。

出窓がよく似合う、築四年の一戸建て。きまじめそうな会社員の父親はいすに腰を下ろし、背筋を伸ばして記者に頭を下げた。Bの部屋を案内してくれた専業主婦の母は、荒れていた姿を思い出すと、今も胸がつぶれそうになる。

「今年の一月ごろでした。夜中に何度か『ドン』という大きな音が聞こえたんです」

入院中の被害少年から一回で五百万円を脅し取り、仲間たちと派手に遊び回っていた中学三年の冬と重なる。小柄なBは深夜に帰宅すると、壁を素手で殴りつけていた。

小、中学校時代の思い出を話す両親。順を追って聞いていくと、不良グループの中心メンバーだった彼の意外な素顔が浮かび上がってきた。

それは、中学二年の終わりごろ。まだ肌寒い日だった。深夜の十一時すぎ、Bが自宅に電話をかけてきた。

「友達の家で遊んでいて遅くなった。車で迎えに来てくれる?」

電話に出た母が、迎えに行った。しかし、助手席に座った息子の様子がおかしい。突然、声を上げて泣き始めた。

「お母さん、僕はもう駄目だ。何で僕なんか生んだの。生んでくれなきゃよかったのに!」

ハンドルを握りながら、母はうろたえ、混乱した。息子の泣き声が続いた。

「ぼくは、悪いことを何でもしている。人を殴っている。万引もする。恐喝も。シンナーだって吸ったんだ」

衝撃の告白に、母も涙声になった。

「やり直そうよ、お母さんと一緒に。何とかしてあげるから、やり直そう」

しかし息子は泣いて繰り返すだけだった。

「生まれ変わりたい。やり直したい。でも、もう駄目だ。駄目なんだ。やり直せない」

落ち着かせようと、母はラーメン屋に立ち寄った。「ラーメン食べて帰ろう」。二人並んで食べた。

息子は、やっと泣きやんだ。

罪悪感に苦しむ息子の姿を初めて見た。不良グループから抜けられず板ばさみになっているように思えた。

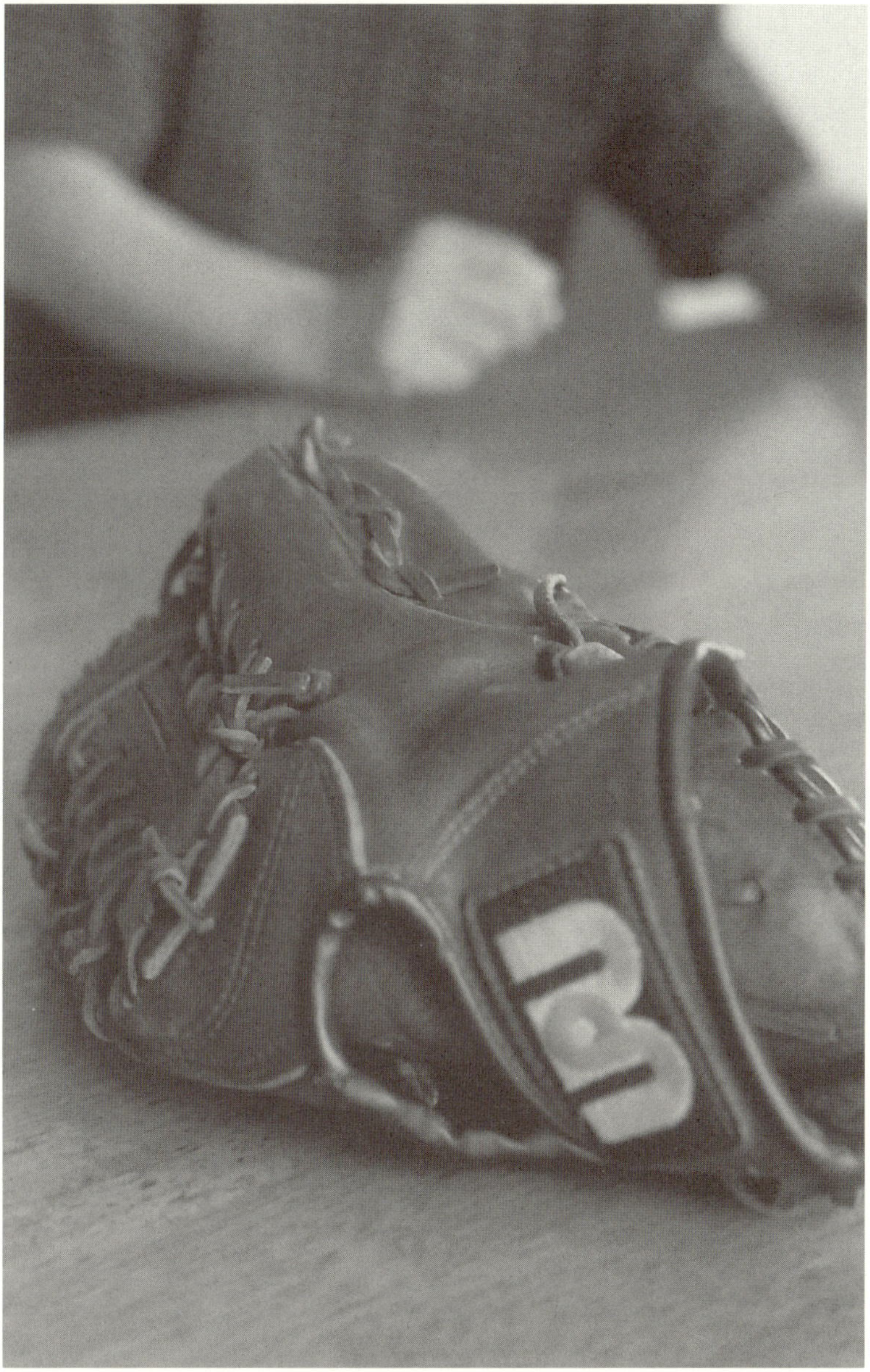

B少年の愛用していたグラブ

その半年前の中学二年の夏まで、彼は丸刈りの野球少年だった。小学校の卒業文集に「ぼくの夢はプロ野球の選手」とつづり、父には「少年野球チームの監督になりたい」と話した。

その彼が突然、地元の野球チームを退団した。腰を痛め、練習から遠ざかる一方で、不良少年グループから何度も呼び出されていた。「息子は悪いグループに引き込まれている」と母は感じた。チームの監督やコーチが自宅まで足を運んで説得したが、退団の気持ちは変わらなかった。

野球チームのかつての仲間が振り返る。「退団してから、（加害少年の）AやJ君たちと深くつき合うようになった」。

丸刈りだった髪は、あっという間に茶髪になった。それまでほとんど学校を欠席しなかったのに、二学期以降は遅刻、早退、無断欠席を繰り返すようになった。万引で補導され、母は何度か、学校に呼び出された。

息子が泣きながら告白したのは、それから間もなくだった。

三年生になったBは、両親とまともに会話を交わさなくなる。「うるせー」「ばかやろー」。語りかけても、断片的な言葉が返ってくるだけ。目がつり上がっていた。

Bの心の中で、何かがプツリと切れ、両親の見えない世界へと一気に転落していった。

逮捕後の五月、Bは名古屋少年鑑別所から被害少年に謝罪の手紙を送った。その中で、両親も知らなかった体験を告白した。

「僕も先輩から暴力を受けている時は、どうにかこの場所から脱出しようとしてだれかに助けを求めていました。暴力を受けている時がどれだけ辛《つら》く苦しく痛かったか（略）。なぜあの時、なぜ僕は『やめようよ』の一言が言えなかったことを今、僕は後悔し……」

母への涙の告白と、壁にぶつけたこぶしの意味が、やっとわかった。被害者の心の痛みを知りながら、いじめる側に回ってしまった罪悪感。泥沼のような連鎖に取り込まれた悲痛な叫びだった。

鑑別所へ面会に訪れた弁護士に、Bはこぼしたという。

「中学二年の、あの夏に戻りたい」

異変

昨年三月、泣きながら、Bから告白された母親は、うろたえ、戸惑った。息子は不良グループの中で苦しみ、もがいていた。

「もう一度、学校に通ってみようよ」

春休みの間、母は熱心に説得を繰り返した。「子どもと家庭をしっかり守りたい」と考え、子育てと家事に専念してきた。野球チームの練習に息子をいつも送り迎えして「何でも話し合える関係」をつくってきた自信はあった。

「頑張るから」

半年前から学校を休みがちになっていた息子が、やっとうなずいてくれた。

三年生の新学期、Bは登校を再開した。服装も、それまでの「短ランにボンタン」という不良少年の姿から、普通の制服に戻していた。朝寝坊の息子をどうにか起こし、かすかな希望を抱きながら送り出した。

しかし、学校から帰宅すると、息子の目がつり上がっていた。「だれかとけんかしてきたんだな」。母にはピンときたという。そんなことが何日もあった。学校には息子の居場所がない――。母のかすかな希望は深いあきらめへと変わっていく。

「僕が教室にいると、みんなが嫌な思いをするでしょ」

Bがそんなことを口にしていたと、母は後になって担任教師から告げられた。わずかの間に教室の雰囲気は受験ムードへと一変していた。お客さんのように黙って座り続けるBの姿を、当時の同級生はおぼろげに記憶している。

「わかった。もう無理に行かなくていいよ」

登校再開から一カ月も持たなかった。母の言葉で、Bは再び昼すぎまで寝坊する生活に戻った。

三年の夏休みを前に、居場所をなくしたBは、再び不良グループとのつき合いが深くなる。授業中の学校にミニバイクで乗りつけ、校庭を派手に走り回った。帰宅途中の生徒に暴力を振るうこともあった。

母はある時、自宅の居間で荒れる息子を思い切って問い詰めてみた。

「うるせー！　黙っとれ！」

怒鳴り声とともに、母は両手で胸を突き飛ばされた。背の低い母は、板張りの床にしりもちをつき、その場にへたり込んだ。ショックだった。息子から暴力を受けたのは、その時が初めてだった。

居合わせた父が「お母さんに、なんてことをするんだ」と殴りつけると、息子は玄関から飛び出していった。以来、父と息子の間には完全に溝ができてしまった。

夏休み前、息子は同級生の男子生徒を殴って鼻の骨を折り、二千円を恐喝する事件まで起こし、警察に補導された。

「悩みました。息子の暴走を止めなければ……。でも限界を感じた。この子はもう駄目だ、と思ったんです」

取材の途中、母が目を赤くして打ち明けた。並んで座っていた父はこぶしを握ったまま、気遣うようにうなずいた。

学校、警察、名古屋市児童相談所……。それでも母は思いつく限り足を運んだ。児童相談所で警察に補導されていることを話し、どうしたらいいか相談した。

相談員から「捜査を早めてもらって、早く家裁に送致してもらいなさい」と助言され、悩んだ末、緑署に電話を入れた。「何とか息子の捜査を早めてほしい」。息子を突き出すようで、身を切る思いだったが「処分を受けないと自分の罪がわからない」とも考えた。追い詰められていた。暑い中を歩き回った母の姿が記者の目に浮かんだ。偶然だが同じ時期に、被害少年の母も警察や児童相談所に足を運んでいる。一方は事件の被害者、もう一方は加害者として。

警察からの連絡はその後、一度も来なかった。

逮捕されるまでに、Bはいらだつと弟も脅した。「髪を茶色に染めるぞ！」。おびえる弟。母は深い絶望感の中でただ時を過ごしていた、という。


三日間にわたり、母の話を聞き続けた。重苦しさから、返す言葉も思いつかなかった。父と言葉さえ交わさなくなった息子の暴走の責めを、このきゃしゃな母親一人に負わせるのは酷な気がした。

「二度と切れちゃだめ。待っているから。歯を食いしばって頑張って」

そう励まして息子を少年院に送った母は今、望みを一本のカーネーションに託している。荒れていた盛りの昨年の母の日。「はい、これ」と息子から無造作に手渡された。

「あの子の優しい面に望みを感じたから……」

今も玄関に、そっと飾っている。

母の日にB少年から贈られた造花のカーネーション

父として　母として

「ちゃんと背筋を伸ばして食べなさい！」

家族そろっての夕食。背中を丸めてテレビに熱中するBを、父親はたびたびしかりつけた。時にはゴツンとやった。黙り込む息子。食卓のムードが重くなった。息子のしつけに熱心で厳しい父だった。

昨年の夏休み前、Bら数人が自宅の周りでミニバイクを乗り回していたことがあった。

「だれのバイクに乗っているんだ！」

父の怒声で、少年たちはクモの子を散らすように逃げていった。炎天下、緑署まで約五キロもの道のりを、父はバイクを引いて延々と歩いた。

「息子が乗り回していたバイクです」。頭を下げて、届け出た。体中、汗びっしょりだった。

「自分にも、子どもにも厳しい人」と妻は言う。どんなに仕事が忙しくても夕食時にはいったん帰宅し、家族とのだんらんを大切にした。そして再び勤務先へ車をとばす毎日だった。

父の生まれ育った背景を取材していくうち、家族に対するこだわりの深さ、厳しさの理由が伝わってきた。

四歳の時に父親が病気で働けなくなった。祖母と母親は働きに出て、家族で食卓を囲むことはまれだった。高校進学をあきらめ、中学卒業と同時に見習職人になった。今の息子と同じ年齢で一家を支えていたという。

結婚後は妻が家にいてくれることを望んだ。自分が父と遊んでもらえなかった寂しさから、合間を見ては野球好きの息子をキャッチボールに誘った。

父の厳しさは、生い立ちや苦労を知る母には理解できた。しかし息子には無理だった。反発し、どんどん離れた。母は「もっと口で言い聞かせて」と何度か父に頼んだ。

中学三年になり、息子の非行は、母の手に負えないない状態までエスカレートしていた。

「話がある。ちょっと遠くへ行って話をしよう」

昨年の夏休み前のある日、父はパチンコ店から出てきた息子を無理やり車に乗せた。

「どこへ連れていくの?」。ただならぬ父の態度に息子はおびえ、車の中で泣き叫んだという。

父は猿投山の展望台まで連れていき、問いつめた。

「こんなことを続けていたら少年院へ行くことになる。わかっているのか」

息子は「わかっとるわ!」と開き直った。

「覚悟はできているんだな。お父さんも覚悟を決めた」

父の一方的な厳しさは、息子の心に届かなかった。二人はその後、顔を合わせてもにらみ合うだけだった。

昨年の秋、息子が珍しく上機嫌で母に話しかけてきた。自分の部屋で、テレビドラマのビデオを見た後だった。

「ああいうお父さんいいねえ。すんごい泣けた」

俳優の赤井英和が高校生の息子の父親役を演じているドラマだった。時に殴り、時に抱きしめ、冗談を言って笑わせたりもする愛情豊かな父親像だった。

「お母さんも見てよ」

父と決裂してもなお、一方で愛情に飢えている息子の寂しさを、母はかいま見た思いだった。

逮捕後の五月、Bは鑑別所で面会した弁護士に言った。

「お父さんの言うことは間違いなかった。でも伝えられ方、言い方がいやだった。すきがなくていやだった」

父は息子の言葉を弁護士から聞かされた。父の脳裏に、小学生だった息子と行った銭湯での情景が浮かんできた。

並んで湯船につかり、のんびり話した。父の言いつけを、息子は「うん、わかった」と素直に受け入れた。ふだんと違って「会話のキャッチボールがしっかりできた」と感じたことを覚えている。

記者の前で、父は下を向き、両こぶしに少しだけ力を込めた。息子への厳しさが、自分の独り善がりだったことに初めて気づいた。

「もっと息子の目線に下がって話せばよかった。息子との距離のはかり方、接し方がまずかった」

Bは、鑑別所と少年院から、何通かの手紙を送ってきた。白い封筒には、いつも母の名前だけ。父の名前は書かれていない。

「あの子の心には、自分に対するしこりが残っているのか」。手紙を見るたび、父は気にかかる。少年院にいる息子へ、父は今、自分の思いを手紙につづろうと考えている。

第6章「手紙」

●同世代からのメッセージ

拝啓

この度の、貴社社会部の記事を読み、教育の現場で働く者として、また、一人の人間としてさまざまなことを考えさせられました。

私はこの四月から一年生を対象に「現代社会」の授業を行っています。この一カ月の主な授業内容は、「現代社会とは」「情報化社会の功罪」「人間疎外」「社会集団と家族」などで、正しく今回のこの事件は、そのまとめとして皆で真剣に考えなければいけないことであると思い、新聞という媒体を活用し「N・I・E」(Newspaper Into Education＝「教育に新聞を」)を実践しました。

授業目的、事件のあらまし等を生徒に説明した後、記事を配付し各自読ませました。生徒達は皆、神妙な面持ちで真剣に記事に目を通していました。そして、生徒に意見を求め討論をし、最後に感想を書くよう指導しました。意見は、活発にでましたが、「あまりにも現実離れし過ぎていてなんだかよくわからない」といった意見もありました。しかし、主な意見をあげれば次のようになります。「他人を思いやる気持ちの重要性」「いじめの絶対的否定」「学校・地域社会という社会集団の変化」「親子のコミュニケーションの大切さ」「傷ついた心の回復の困難さ」「現代社会そのものの複雑化」などです。

感想は、思ったことを自由に書くよう指導しました。生徒の感想文の一部を送付させていただきますのでご一読ください。

なお、乱筆乱文につきご容赦下さい。

私立多治見西高等学校

教諭　堀　英彦

心のふるえがとまらない

三尾和子

　被害者の子は、メル友に言えないぐらい心に傷がついたと思う。でも病室の人には心を開いたことに対して私は、すごいと思う。人に相談するまで被害者の少年は苦しんだだろうなと思った。勇気だっている、嫌なことを思い出すには。被害者少年には、たくさんの傷がついているのに「一人の人に心を開いて」というよりも、この相談相手は自分の過去にいろいろなことを経験した人で、そういう経験からのアドバイスであったから、少年もだんだんその人に対して誠意を感じたのだと思う。この人との出会いから、今になって事件のことがわかってきた。被害者少年を自殺に見せかけて殺してしまおうと計画していたことなどを思うと、私の心のふるえは止まらない。

　今のいじめは、たいていの場合、先生や大人の目が届かない所で隠れてやったりして、たまに先生の目に止まってもたいていの先生の言い分は、普通の友達のようにしていたとか、困った様子は見られなかったとか言う先生が多いように感じる。教師として勉強を教えるだけでなく、いじめる側の要領の良さをもっと見抜き、生徒の心の悩みの奥まで目を向けられる余裕と時間と、生徒に対する愛情を持ってほしい。

どんなに寂しくても人を傷つけてはいけない

千葉瑶海

　被害少年は、A少年にすごく深い傷をつけられているから、すごくかわいそうだと思う。でも入院していた病院で入院仲間の人とかすごくいい人達に出会うことができてよかったと思う。A少年は、寂しいからみんなの目を引こうとしていろいろやったみたいだけど、ちょっとやりすぎだと思った。

　でも「学校に来るな」みたいなことを言った学

校は、あまりよくないと思った。どんなに悪いことをしていても、生徒の話を聞くことぐらいできたと思うし、悪いことをするのは寂しいと感じているからだとわかると思う。

どんなに寂しくても恐喝やいじめはいけないと思う。自分がどんなに寂しくても人を傷つけていいはずがないから。

やっぱり家族で話し合いをするのは大切だと思った。

応援している人はたくさんいる

鈴木陽子

私はこの新聞を読んで「ひどい!」思いました。A少年は先生から「学校へ来なくていい」ということを言われたからといって、お金を取ったり、暴行しなくてもいいと思います。先生もなんでそういうことを言ったんだろう。誰だってそんなことを言われたら悲しいし、さみしくなると思います。私は、そんな先生には、何も教えてもらいたくないです。A少年の両親もなんで少年をほかっていたのだろう。子どもを注意することのできない親なんて本当の親じゃないと思います。被害少年の親も、勇気を持って、もっと早く警察に行ってほしかったです。「お金ですむなら……」と言っても、お金をあげても暴行されていたんだから、もっと早く言って被害少年の心の傷を浅くしてほしかったです。被害少年には、早く元気になって良い仲間を作ってほしいです。応援している人は、たくさんいると思います。

もう一度、勇気を持って頑張ってほしいです。

「居場所」があることが幸せ

佐藤友菜

読んだ後、何て言っていいかわかりませんでした。「ひどい」とか「かわいそう」とかじゃたりないような感じがしました。何でこんなことになったのかわからなかった。同じ高校生とは思えません。私のまわりには「いじめ」がないし、今まで生きてて「いじめ」にあったことがないから、少年の気持ちはよくわかりません。

一人でもいいから、何でも話せる心を開くことのできる友達がいたら、こんなことにはならなかったのかもしれないと思う。

私は、「何でも話せる友達」もいるし、「居場所」もあるから幸せだと思った。少年もはやく立ち直ってほしい、と思う。

自分でだめなことだと気づかなくては

加藤芙美子

被害者の少年は、とてもこわかったと思う。毎日毎日、暴力をうけ、五千万円という中・高生には多すぎるお金をとられて。すごく、毎日がくるしかったのだと思う。また、暴力をうけるのがいやで笑顔でいたというのを読んで、本当だったら、泣きたいはずなのに。逃げ出したいはずなのに。それを、こらえてきた少年の心は、もうグチャグチャにこわされちゃっていると思う。もとどおりの、性格が明るい姿にもどるには何年というような、長い時間がかかると思います。それだけ人の心を傷つけて、A少年にも、理由はあったと思います。けど、さみしさを暴力にかえる。そんなことは、ぜったいしちゃいけないことだし、自分で、だめなことだと気づかなくてはいけなかったと思います。

人間っていうのは、すごくさみしがりやだと思います。それを、聞いてくれたりする友達に理由もなく、暴力をふるう。そんなことがあってはいけない。みんな人間なんだから。いくら、そういうことがあっても、人のいやがることは、だめだと思います。

この事件の犯人は、子どもではなく大人だった

村野加奈

本当にこの事件は怖いと思う。一人だれが悪いともいえないと思う。被害者や被害者の母親は、

とってもつらかったと思う。別に母親が悪いわけでもないけれど、もっと早く、警察にいうべきだったと思う。この事件の犯人は、子どもではなく大人だったのかなぁと思った。

加害者だって、みんなそれぞれ悩みがあった、でもそれを解決する人がいなかった。さみしかったんだろうと思う。親はもっとはやく、その変化に気づけばよかったと思う。

何にしろ、この事件はたくさんのことが重なって、起こったと思う。だから、この事件をきっかけに、平和な社会をつくれるといいと思う。

ガマンができないのは、なんでだろう？

春田有希

この記事を読んで、まず思ったのは、五千万円のことだった。

A君たちは、こんなお金を何に使ったのか？と思った。そりゃあ、私たちぐらいの年だと、「お金はいくらあっても足りない」って思うことはあるけど、私たちは普通ならガマンする。そのガマンができないのは、なんでだろう？ 小学校の時からの夢があって、それが中学でその夢をかなえるための修業みたいなのが、できなくなったのがキッカケなのかとも思った。

自分のやりたいことができない。自分のやったことをあまりみんなが見てくれない。そういう時が私もあるけど、すごくイライラするし、悲しい。だからよけい、目立ちたくなるのもわかった。こうやって、A君が『人気者→厄介者』へと変わってしまったのを考えると、まわりの環境と親との交わりっていうのは、とっても大事なんだと思った。ときどき、そういうものがうっとうしくなることもあるけど、やっぱり、今の自分を保つためには、最も重要なものだと思った。

寂しさがいらだちに変わって……

小島恵里香

私は、被害者の少年がかわいそうだと思いました。いじめられたうえに五千万円も恐喝され、しかも学校側は何も対応しなかったので、無関心な人が多くなったと思いました。それに、加害者の親は子どもをしっかりはあくしていなかったので、こういう大きな事件が起きたと思います。だから、日頃の日常生活で子どもと向き合って話をし、子どもの居場所を親が作ってあげることが大事だと思います。

これはあくまで私の考えですが、今の子どもたちが犯罪に走るのは、親が忙しかったりして自分をかまってくれないから、寂しさがいらだちに変わってストレスになっていると思う。だから、普段から子どもを気にかけることが大事なことだと思いました。そうすることで、少年犯罪が少しでも減ると思います。

少年をこんなふうにしたのは親だと思う

小木曽由佳

こんなふうに、イジメをして五千万円もとった加害者A少年は明るい性格だけど、さびしがり屋で、ケイタイとかも月に六万も使っていた。そんなふうに育てた親は子どもに無関心で、普通の親だったら、怒るけど、怒っていないから、A少年をこんなふうにしたのは親だと思う。

今、自分は、すごくいい環境にいると思う。親がうるさくて、ムカツクこともあるけど、それは親がちゃんと自分のことを心配しているんだと思って接していきたい。無関心で育てられたA少年は、悪いことをしたけど、かわいそうだと思う。

なぜこんなに変わってしまったのか?

井出江美

被害者の人は、体だけじゃなく、心にも深い傷を残しこれからを生きていくんだなあと思うと、本当にかわいそうになる。加害者の少年たちも、昔は明るくて、普通の少年だったのになんで急にそんなに変わってしまったのか不思議に思う。その理由を解決していくべきだと思う。

社会の人は冷めている人が多いけど、同じ病室だった人たちは、すごくやさしくて勇気があると思った。この世の中にも、そういう人が増えていくと、もっと今以上に良い世の中になっていくと思った。

これからも、親とのコミュニケーションを大切に生活し、元気に生きていきたいです。

冷たい人間関係のせい

山口照代

私は、毎日、刑事事件の記事は必ず読んでいるので、この記事も読んだことがあります。最初この話を聞いた時、目が点になりました。

中学生、つまり私と同じ年の子が、同級生から五千万円も恐喝するなんて、信じられませんでした。そして、『恐怖隠し作り笑い』という記事を初めて読んだ時、とても心が苦しくなりました。被害少年は、ずっとずっとつらい思いをしていたのかと思うと、涙が出そうになりました。

なぜ、五千万円も恐喝されるまで、被害少年がなぐられ、ろっ骨を折って入院するまで、気づかれなかったのだろう。刑事事件にならなかったのだろう。話によると、恐喝があった学校のトイレで、いつか、何百万円ものお金がおちていたそうです。そんなことがあったのに、何もなかったように時が過ぎていってしまっていたのは、都市世界のデメリット、「冷たい人間関係」のせいなんでしょうか……？

お母さんの気持ちがわかる

松枝一絵

小学校のころ卒業文集に「日本一のお笑い芸人になる」と書いた少年Aがなぜ非行に走ったのか。記事をみてショックを受けた。被害者少年の母もよく五千万円万円はらったもんだと思ったが、私も、もし自分の子どもがそういう目にあったら「この子が助かるのなら……」という気持ちになってしまうと思う。

被害者少年は明るかったが、この事件でメル友に打ち明けられないほど心に傷をうけてしまった。いくら被害者の家族が謝っても傷は治らない、でも、いつまでも事件のことを背負わずに、がんばってほしい。

こわれかけたときに親が気づいてあげられれば

千葉宏美

とにかくビックリ！　初めて聞いたとき「なんだ？」「五千万円？」ってカンジでした。大人ならまだわかるけど、中学生でしかも五千万！　ケタにびっくりしました。しかも、それを親が出していた。親も子どもを守るので必死なのかもしれないけど、親なら親らしい判断をするべきだったと思いました。

加害者の少年たちもいけないことをした。でも、少しだけ加害者の少年の気持ちもわかった。こわれかけたときに親が気づいてあげられれば……親にも問題があるんじゃないかナ？

このようなことは、もう二度とあってはいけないこと。今の時代は少しおかしい。自分の気持ちをコントロールできるように、みんながならなければならない。

「お前はストレス解消マシンだ」という言葉

菅野あや

この五千万円恐喝事件のことは、ニュースなどでもやっていたので、少しは聞いたことがありました。でも、五千万円を恐喝していたことには、本当にビックリしてしまいました。恐喝され、暴行までされて、ろっ骨を折られてしまったなんて、すごくひどいことだと思いました。少年が入院中に出会った男性がとてもいい人だったので、彼が心を開いたけれど、もしその男性がいなかったら、そのまま恐喝と暴行をされつづけていたかもしれないと思うと、ほんとうに、こわいなぁと思いました。

この話の中で一番心にのこっている言葉は、「お前はストレス解消マシンだ」という言葉です。そんなひどいことを言われて、いきなり殴られたと書いてあったので、こわいなぁと思いました。それも意識がなくなるくらい暴行するのは、とてもひどいと思いました。本当に、このような事件が起こらなくなるといいなぁと思いました。

本当のことを言う勇気をもっている人が少ない

各務あゆ美

これが本当の話か信じがたいくらいすごい話だと思った。

最初親がお金をはらい続けたことに対して、おかしいと思っていたけど、自分の息子のことを考えたらしかたがなかったことなのかなと思った。けれど、五千万円にもなる前に、まわりの人は気がつかなかったのかなと思った。

私は、まわりの人が気がついても、本当のことを言う勇気をもっている人が少ないと思う。

でも私のまわりで同じことがおこったら、こわくて言えないと思う。勇気ある人になりたいです。そして自分の子どもがいじめられていたら、体をはって助けてあげられる大人になりたいです。

現実にもこんなひどいいじめがあるなんて

尾町奈々

なんだか本当にいじめはすごくこわい気がした。いじめとかは、ドラマの中でしか、ひどいのは見たことがないのに、現実にもこんなにひどい「いじめ」があるなんてなんだか恐いです。

記事を読んでいる時に、自分がなったらどうしようと考えました。私はたぶん、だれにも見つからないように話すと思います。相手は友達だと思います。でも最初はおどされてもお金を出さないと思います。

この事件の被害者は、そばに信頼できる人がいなかったのかなぁ？とも思います。入院していた病院の医師だって、どうして警察に連絡するなって言うのだろう？　自分のコトしか考えていないのか、と少し思いました。

お母さんも息子がお金を取られたんなら、すぐに警察にいえばいいのにと思います。それに加害者の親もちゃんと自分の息子を見ていないからずっと気づかず、こんな事件も起きたのだと思いました。

死んでいてもおかしくない

赤城敬子

はじめに、中学生なのに恐いなと思いました。私の身の回りには、このようなことがないので、五千万円を恐喝していたと知っても想像ができませんでした。

それと、母親は、自分の息子がいじめにあっていて、恐喝をされているのを知ってても、お金を出し続けていたことが不思議です。なぐられたりけられたりされても、自分が悪いといった被害者もおかしいと思います。やっぱり実際そういう目にあってしまうと、だれにも言えなかったり、お金を出し続けてしまうのかと思いました。それに加害者の性格も、どうして変わってしまったのか？

五千万円も取られていたけれど、病院で入院していた人が気づいてくれて良かったと思います。もしこのまま続いてたら、死んでいてもおかしくないと思います。そして被害者も加害者もはやく立ち直ってほしいです。

全世界の人がやめないかぎりいじめはなくならない

若尾　歩

怖い！　全部読んで感想はコレ！　あと人ごとじゃないなって思った。恐喝？　関係ないねってテレビで見た時は、ハッキリ言ってそう思った。

けどこれはスグとなりの県で起きている事件ということを考えると、あたしだったらどうするだろうって気になった。私がもし、恐喝されていたら……。親が無関心で自分のことを見てくれなかったら……。私は被害者の人はよくガマンしたなー、とも思うし、しっかり相談すればいいのにとも思った。

でも、もし私だったら……。たえられなくて自分で死んじゃうかもしれない。私もイジメ、恐喝にもたえられるように強い人にならなきゃなってに思った。あと、一人だけではなくて岐阜県、全国、世界中の人がやめない限り、イジメなどはなくならない。大きな意識をもたなきゃと思った。

親と子が理解しあい信じあうことが大切

中田敦子

何とも言えない気持ちです。この事件で一番悪かったことは、親と子のかかわり方だと思います。どうしようもない被害者の気持ちもわかるし、加害者たちが醜い気持ちを持っていたことにかわいそうだと思います。そして、入院していた部屋の人たちが親切な人でよかったと思います。

学校などでよく、親と子の接している時間について問われるけれど、親と子がお互いを理解しあい、信じあうことが大切だと改めて感じました。起きてしまった事件を機に、自分と他の人とのふれあいを見直して、今後絶対あってはならないことだと思います。

エピローグ…………取材を終えて

「あれはどういう意味だったのか、とずっと引っかかっていたんだ」

午前四時、人影もまばらになった編集局でその日の一面を担当した整理部デスクの一人が話し始めた。刷り上がったばかりの四月三十日付朝刊一面のトップニュースは「五千万円恐喝事件　主犯少年、生い立ち供述」。A少年が祖父母との別居を機に家庭に居場所をなくしてしまったことを取調官に打ち明けた経緯が記事になっていた。

いつもは新聞が刷り上がってしばらくすると「お疲れさん」と言い残して消えていく社会部のデスクやレイアウトを担当する整理部のデスクたちが、何か言い残したことでもあるように何となくデスクについたまま夜更けの時間を過ごしていた。

話を切りだした整理部のデスクに、周りが耳を傾けた。

「ちょっと前に三面で扱った中教審の提言でさ、『子どもたちを地域の大人全体で育てていく意識を持つ必要がある』というくだりがあってね、それがずっとひっかかってたんだ」

文部大臣の諮問機関「中央教育審議会」が文相に提出した報告書のことだった。四月十八日付の記事で「次代を担う子どもは社会の宝。大人全体で育てていくという意識を持つ必要がある」という報告書の内容をまとめていた。

彼は、記事に『子育て、地域の大人で』というありふれた見出しをつけた。報告書は中教審らしく、抽象的で堅苦しい文章だったが、それを読者に具体的でわかりやすくかみくだいた見出しで伝えることがプロの仕事だと思っている彼は、「わかったような、わからないような」見出しをつけてしまったことが、ずっと気になっていたという。

「だって、子育てを地域の大人でって言っても、実際どうすればいいのかよくわからない。でも、今回の五千万円事件のニュースを読んでいるうちに、少しわかったような気がする。学校や警察だけでなく、たとえばタクシーの運転手だって、パチンコ屋の従業員だって、大人たちが少年たちの行動に『おかしいな』と思うポイントはいくつもあったと思う。でも、だれもが結局見て見ぬ振りをしてきている」

社会部のデスクが「そういえば……」と言って、知り合いの警察官から聞いたという話を始めた。その警察官は「最近、駅のホームで平気でタバコを吸っている高校生が多い」と嘆いている。彼は、通勤途中にそういう高校生を見かけると警察手帳など見せず、いきなり「おい、お前、どういうつもりだ！」と怒鳴りつける。高校生たちは十人中十人が、あわててタバコをもみ消し恥ずかしそうにうつむくという。ところが、ホームに居合わせた大人たちは、怒鳴られた高校生ではなく、怒鳴りつけた彼の方を一斉に振り向くというのだ。「変わった人がいるな」という視線を感じるとともに、やりきれない思いにかられるという。街中の喫茶店でも似たようなことが起きる。店内の一角で制服の高校生数人が平気でタバコを吸っている。彼が「おい、お前ら！」とやる。他の客はタバコを吸っている高校生たちの方ではなく一斉に彼を見つめる。

彼は、若い警察官に「通勤中でもそういう高校生を見かけたらどんどん叱りつけろ」と言っているが、現実には見て見ぬ振りのまま通り過ぎているケースがほとんどだ。「サラリーマンになっちゃってんだよな」と彼は嘆く。と同時に、見て見ぬ振りをするのが当たり前になっている社会に問題の根深さを感じる、という。

「じゃあ、札ビラを切った少年たちを乗せたタクシーの運転手はどう?」

「そこで、そのお金はどうしたんだって、聞けるかな」

「でも、さっきのベテラン警官じゃないけどさ、一人ぐらい『何が大阪までだ。中学生が何だ』って調子で少年たちをド叱ってくれる人が、いてもよかった」

「そういう怖いおじさん、いなくなったねえ。そういうおじさんが周りに一人もいなかったっていうのが、少年たちを暴走させたと言えるかも知れないね」

すでに新聞は各販売店に渡り、家庭に配られ始めているころだ。このニュースはどう読まれるだろうか。このニュースによって親子、夫婦の間でどんな会話が生まれるだろうか――。そんな思いをそれぞれに抱えながら、話していた。

「今日の一面のA少年の『生い立ち』に出てくる、同居する両親と祖父母のいざこざなんて、本当にどこの家庭にもありそうな話だよね」

話に加わった経済部のデスクが言った。五千万円事件の特徴は「五千万円！」という金額的な衝撃の一方で、加害少年たちの取材で浮かび上がった「どこにでもありそうな家庭の、どこにでもいそうな子どもたち」であることに驚きがあった。

きわめて貧しい家庭で育った少年はいなかった。数年前に都心のアパート住まいから移り住んで一戸建てを構えた家が何軒もあった。ローンを抱えている家もあれば、そうでないところもあった。共働きもあれば、専業主婦の家もあった。一人っ子はほとんどいなかった。父親がＰＴＡ会長を務めていたという家もあった。二人、三人兄弟が多く、四人兄弟という家もあった。どの加害少年の家庭からも「特殊な事情」は見えてこなかった。

学校の取材を進めるうちに「あの中学は進学校だから」という市教委関係者の言葉にぶつかった。市立の中学校なのに「進学校」という表現に違和感を覚えた。学校名が報道されると、一部の父兄から「高校の推薦枠に影響する」という不安の声が学校や社会部に寄せられた。「進学」を最重要視している校内の雰囲気が伝わってきた。

加害少年たちは中学二年の夏休み以降から不登校になり始めていた。教室に居場所を失い、落ちこぼれた彼らを迎えたのは上級生の不良グループによる暴力だった。暴力の連鎖の構図に気づかない教師たちは、グループに巻き込まれていく生徒の『転落』を食い止めることはできなかった。

非行少年たちが顔を出さない教室は、郊外の新興住宅街である扇台学区と同じように「静か」で

「清潔」なまま保たれた。「仕方がないんだ、あの子たちは」。教室の窓から、見て見ぬ振りを決め込んだほとんどの教師たちが、そう自分に言い聞かせたのだろう。とりあえず、教室が静かであれば、だれも責任を問われなかった。

　主犯少年から二重恐喝をしていた上級生のJ少年の母親は「勉強ができないうちの子が迷惑をかけてはいけないから」と夕方まで自宅に息子を置いた。「進学校」にとって、J少年の母親は物わかりのいい保護者だった。しかし、これが、排除によって「校内の美化」を保ってきたこの学校の悲劇の始まりでもあった。

　母親の言いつけを守って授業時間には学校に行かなかったJ少年は、放課後の時刻を見計らって校門付近に立つようになった。小学校時代に児童会副会長、野球部キャプテンとしてリーダーシップを発揮し、腕力でも群を抜く彼は、落ちこぼれてそのまま自宅に引きこもるようなタイプではなかった。A少年ら下級生の非行グループを巻き込み、J少年は暴力ゲームによって序列化された集団を形成した。その後継者としてA少年が群れに君臨するまでに一年とはかからなかった。教室から排除され、教室の外で群れるようになった彼らは親も教師たちも気がつかない間に「オオカミ」の集団へと変貌していった。被害少年はオオカミの群れにからめ取られた格好の餌食だった。

　教師たちは、聖域の教室を守るため防戦一方となる。校外では恐喝や万引き、小学生を蹴るなど暴走は日を追って激しくなっていった。

　学校は保安官（警察）を呼ぶ非常ベルを鳴らし続けた。安易な出動要請があるたびに「またあの

在だった。

学校か」というムードが小規模な警察署の、わずかしか担当者がいない部署をうんざりさせる。責任の押しつけ合いの芽が生まれる。育てるべき「生徒」も守るべき「市民」もその発想の中では不在だった。

J少年が、小学校時代に児童会の副会長だった、という意外な経歴を知った記者は、当時の担任教師の元へ走った。転落する前の少年の素顔が知りたかった。記者の訪問を受けた教師は「言えません。私も組織の人間ですから。どうしても、と言うのであれば校長を通してください」とにべもなかった。「かつての教え子がいま罪を犯して立ち直れるかどうかの瀬戸際にいる。当時のいい面を一言でいいんですよ」。しかし、元担任は「あなたも組織の人間なら私の立場がわかるでしょう」と繰り返した。

個人の情や恩師としての使命感に訴える言葉が通じない世界がそこにあった。

そんな大人たちの本音を、子どもたちは怖いぐらい敏感に見抜いている。そして、その子どもたちの世界も、取材すればするほど「不思議の国」と感じられた。

「めんどい（面倒くさい）」「うざい（うっとうしい）」。それが友達関係を定義するキーワード。友達関係は「めんどいことしない」「うざいこと言わない」という暗黙の了解のうちに成り立っていた。友達になる理由は「一緒にいて楽しいこと」と生徒たちは口々に言った。そんな彼らがお互いを「親友」と呼び合う。多い子は「親友」が十人を超える。「一カ月前までは親友だったけど、今は違う」という声も聞いた。

逮捕前日の主犯グループの様子が取材で浮かび上がってきた。最後の夜を仲間同士で過ごした場所は同級生の自宅マンションの一室だった。テレビゲームにふける少年。その隣でゲームの画面をただ見つめるだけの少年。漫画をただ黙々と読む少年……。逮捕される翌朝までの十数時間を四、五人が勝手気ままに過ごしていた。一人が「これで逮捕されたら、俺たち年少（少年院）行きだね」とだれを相手にするでもなくつぶやいた。返事はどこからもない。全員がゲームや漫画に夢中になることで自分の世界にこもっていた。友情として不可欠な「体験の共有」と呼ぶには寂しすぎる風景だった。結局、彼らの心を占めていたのは寒々とした孤独感だった。

「めんどいことしない」「うざいこと言わない」。子どもたちの不文律は、「見て見ぬ振りをする」大人たちの生き方と、それほど大きな違いがあるようには思えなかった。

被害者の母子が最も心を許し信頼したのは、暴力団組長の息子だった。「何とかしてやろうや」。迷いなく行動して少年の心を開いた彼と、傍観者に徹した教師や警官たち…。後者が代表する「今の大人たち」に次の時代の子どもを育てることができるのだろうか。学校と警察の取材から明らかになる事実は、その展望を暗くした。

だが、教師や警察官に向けられた批判は、新聞記者にとっても決して他人ごとではなかった。

「今日みたいな話が出てくるとね……。他人ごとじゃないだけに、この事件の記事は読まれる。次に何が出てくるか、期待してるからね」

午前五時、A少年の「生い立ち供述」の新聞をぱたんと二つ折りに閉じて、整理部のデスクが席を立った。現場に立つ記者にとって、ずしりと重い言葉だった。

それから二カ月後。衆院選で過半数を押さえた自民、公明、保守連立与党の第二次森内閣が動き出した六月下旬、記者たちは加害少年の自宅で親と向き合っていた。事件が明るみに出てから三カ月、長い道のりの果てにようやくたどり着いた「取材現場」だった。

A少年の自宅。何日も戸外に立ち続けた記者がいた。父や母とわずかでも言葉を交わし、信頼をつなぎ、真実を語ってもらうために。夜の闇に浮かぶその家が、静止画像のように彼の網膜に焼きついたころ、両親が取材を受ける覚悟を決めた。「どうぞ」。玄関のドアが開き、A少年の母が彼にスリッパをそろえた。靴を脱ぎ、それを履く。居間に向かって歩く。待ち続けたところへ今こそたどり着く感慨と、しかし、どこまで本音を話してもらえるだろうかという不安と緊張。彼の記憶に、口の中がからからに渇いていく数秒間が生々しいまま残っている。

居間で記者二人が両親と向き合った。話の途中、A少年の姉が父母の横に座った。「本当の気持ちを話していいんだよ」。父親に優しく促されても、言葉が出ない。高ぶる感情を必死にこらえ、言おうとしてうまく言葉にならないのだ。長い沈黙。突然、彼女が涙をぽろぽろとこぼし、記者たちを見て言った。

「新聞は本当のことを書いてあると思っていたのに！　おじいちゃん、おばあちゃんとはいろんなことがあったのに！　全然知らないのに知っているみたいに！」

二人の記者から伝えられた彼女の言葉は、取材班全員の胸に突き刺さった。

弟が泣きながら捜査員に話したことは事実だった。しかし、弟の口から語られたことは、姉にとって事実のほんの断片でしかなかった。『本当のこと』。彼女が言ったその一言が、重かった。真実が、どれほど遠い道のりの先にあるかを思い知らされた一言だった。それでも事実の断片を追いかけ、拾い集め、張り合わせて真実に近づいていくしか道はない。

五千万円事件の犯行の中枢にいた三人の少年の親たちは、記者たちを信頼し、過去のことまで多くを語ってくれた。それでも、この事件の本質にどこまで近づけただろうか。まだどれぐらい『本当のこと』が埋もれているのだろう。A少年の姉の涙は、記者たちに重い問いかけのまま残っている。

［中学生五千万円恐喝事件取材班］

秦融、中西英夫、平田浩二、大森雅弥、栗田秀之、有賀信彦、伊東誠、朝田憲祐、青柳知敏

清水俊郎、加藤美喜、牧真一郎、吉枝道生、後藤隆行、竹上順子、三沢典丈、池田千晶

萩文明、中村清、小坂井文彦

ぼくは「奴隷」じゃない　――中学生「5000万円恐喝事件」の闇

2000年9月25日　第1刷発行　　（定価はカバーに表示してあります）

編　者　　中日新聞社会部
発行者　　稲　垣　喜代志

発行所　名古屋市中区上前津2-9-14　久野ビル　振替00880-5-5616　電話052-331-0008　風媒社

乱丁・落丁本はお取り替えいたします。
ISBN4-8331-1053-9

※印刷・製本／大阪書籍
装幀／田端昌良